MÁQUINAS ÉTICAS

MÁQUINAS ÉTICAS

SEU GUIA CONCISO PARA UMA **IA** TOTALMENTE IMPARCIAL, TRANSPARENTE E RESPEITOSA

REID BLACKMAN

Fundador e CEO da Virtue, consultoria digital de risco ético

ALTA BOOKS
GRUPO EDITORIAL
Rio de Janeiro, 2024

Máquinas Éticas

Copyright © 2024 STARLIN ALTA EDITORA E CONSULTORIA LTDA.

Copyright © 2022 Reid Blackman.

ISBN: 978-85-508-2240-2

Translated from original Ethical Machines. Copyright © 2022 by Reid Blackman. ISBN 978-1-6478-2281-1. This translation is published and sold by Harvard Business Review Press, the owner of all rights to publish and sell the same. PORTUGUESE language edition published by Starlin Alta Editora e Consultoria LTDA, Copyright © 2024 by STARLIN ALTA EDITORA E CONSULTORIA LTDA.

Impresso no Brasil — 1ª Edição, 2024 — Edição revisada conforme o Acordo Ortográfico da Língua Portuguesa de 2009.

Dados Internacionais de Catalogação na Publicação (CIP) de acordo com ISBD

B629m   Blackman, Reid
　　　　　Máquinas Éticas: seu guia conciso para uma IA totalmente imparcial, transparente e respeitosa / Reid Blackman ; traduzido por Rafael Surgek. - Rio de Janeiro : Alta Books, 2024.
　　　　　208 p. ; 15,7cm x 23cm.

　　　　　Tradução de: Ethical Machines
　　　　　Inclui índice e bibliografia.
　　　　　ISBN: 978-85-508-2240-2

　　　　　1. Inteligência artificial. 2. Algoritmos de computador. 3. Privacidade de dados. 4. Ética. I. Surgek, Rafael. II. Título.

2023-2681　　　　　　　　　　　　　　　　　　　CDD 006.3
　　　　　　　　　　　　　　　　　　　　　　　　　CDU 004.81

Elaborado por Odilio Hilario Moreira Junior - CRB-8/9949

Índice para catálogo sistemático:
1. Inteligência artificial 006.3
2. Inteligência artificial 004.81

Todos os direitos estão reservados e protegidos por Lei. Nenhuma parte deste livro, sem autorização prévia por escrito da editora, poderá ser reproduzida ou transmitida. A violação dos Direitos Autorais é crime estabelecido na Lei nº 9.610/98 e com punição de acordo com o artigo 184 do Código Penal.

O conteúdo desta obra fora formulado exclusivamente pelo(s) autor(es).

Marcas Registradas: Todos os termos mencionados e reconhecidos como Marca Registrada e/ou Comercial são de responsabilidade de seus proprietários. A editora informa não estar associada a nenhum produto e/ou fornecedor apresentado no livro.

Material de apoio e erratas: Se parte integrante da obra e/ou por real necessidade, no site da editora o leitor encontrará os materiais de apoio (download), errata e/ou quaisquer outros conteúdos aplicáveis à obra. Acesse o site www.altabooks.com.br e procure pelo título do livro desejado para ter acesso ao conteúdo.

Suporte Técnico: A obra é comercializada na forma em que está, sem direito a suporte técnico ou orientação pessoal/exclusiva ao leitor.

A editora não se responsabiliza pela manutenção, atualização e idioma dos sites, programas, materiais complementares ou similares referidos pelos autores nesta obra.

Alta Books é uma Editora do Grupo Editorial Alta Books

Produção Editorial: Grupo Editorial Alta Books
Diretor Editorial: Anderson Vieira
Editor da Obra: José Ruggeri
Vendas Governamentais: Cristiane Mutūs
Gerência Comercial: Claudio Lima
Gerência Marketing: Andréa Guatiello

Assistente Editorial: Isabella Gibara
Tradução: Rafael Surgek
Copidesque: Cibelle Ravaglia
Revisão: Denise Himpel e Hellen Suzuki
Diagramação: Rita Motta
Capa: Karma Brandão

Rua Viúva Cláudio, 291 — Bairro Industrial do Jacaré
CEP: 20.970-031 — Rio de Janeiro (RJ)
Tels.: (21) 3278-8069 / 3278-8419
www.altabooks.com.br — altabooks@altabooks.com.br
Ouvidoria: ouvidoria@altabooks.com.br

Editora afiliada à:

Para Riva ("Little") e Remy ("Badagooch", "Bada", "Gorgeous Guy" ou "Gorge"), que são a prova viva de que eu posso amar coisas que fazem exigências injustas, funcionam como caixas pretas e violam a minha privacidade de forma tão flagrante que nem mesmo o banheiro é um refúgio seguro.

SUMÁRIO

Introdução: IA Para ~~Melhorar~~, Não Piorar — 1

1 **Como Se Deve Pensar sobre Ética** — 23

2 **Viés** — 41
Em Busca de uma IA Justa — 41

3 **Explicabilidade** — 63
O Espaço entre as Entradas e as Saídas — 63

4 **Privacidade** — 87
Subindo os Cinco Níveis Éticos — 87

5 **Códigos de Ética de IA que Realmente Têm Efeito Prático** — 113

6 **Os Executivos Devem Chegar a Essas Conclusões** — 137

7 **Ética de IA para Desenvolvedores** — 161

Conclusão: Duas Surpresas — 185

Notas — 189
Agradecimentos — 193
Índice — 195
Sobre o Autor — 199

INTRODUÇÃO

IA para ~~Melhorar~~ Não Piorar

A palavra que ecoa na minha cabeça é "gosmenta". Gosmenta. Alguma coisa impossível de segurar. Fica parada por um segundo, mas quando você tenta segurar — ops! —, escorre pelos lados. Se fosse mais dura, mais concreta, você poderia *fazer* algo com ela. Mas essa massa mole apenas abre margem à confusão, às vezes à frustração e, finalmente, à resignação.

No entanto, essa foi a palavra que um executivo sênior usou para descrever a ética de IA quando explicou por que eles não estavam atuando muito nisso. Sua primeira ordem de negócios era convidar os palestrantes para vir e falar sobre essa viscosidade. Talvez pudessem ajudá-lo a encurralar a gosma até que ela não tivesse para onde fugir. E talvez outros palestrantes pudessem ajudar com outras supostas propriedades da ética que este e outros executivos frequentemente associam ao tema: "difusa", "teórica", "abstrata" e "subjetiva".

O executivo se enxergava, assim como cientistas e engenheiros, como alguém que lida com fatos frios e duros. É possível fazer coisas com eles. É possível desvendá-los. É possível inferir coisas a partir deles. É possível rastreá-los. A ética, por outro lado, é aparentemente um ensopado quente e gosmento de não fatos. A única coisa a fazer é limpá-la com um esfregão e jogá-la no lixo, ou talvez ficar aguardando, na esperança de que seque e seja possível varrê-la para debaixo do tapete.

Mas os cientistas e engenheiros, e este executivo, estão errados. A ética não é gosmenta e há muitas coisas que podem ser feitas com ela — articular um conjunto de metas, elaborar estratégias para atingir objetivos e implantar táticas que concretizem essas estratégias. Se você é essencialmente avesso aos riscos éticos e de reputação da IA ou deseja ser conhecido por estar na vanguarda da IA ética, pode promover esse pensamento em todas as facetas de sua organização. O objetivo deste livro é ensinar como pensar sobre ética e o que é preciso saber sobre ética de IA em particular. E como isso parece um tanto agressivo em termos de mudança organizacional bem-sucedida, não é necessário, digamos, *conduzi-la*, e sim *aninhá-la* em operações. Mas não vou apenas dizer a você o que fazer. Vou ensiná-lo como pensar sobre o assunto para que veja o que precisa fazer. Quando terminarmos, terei lhe revelado o cenário da ética de IA, assim terá as ferramentas necessárias para navegar em um mapa que já internalizou.

Como sei que posso fazê-lo alcançar isso? Porque eu tenho pesquisado, publicado e ensinado sobre ética em geral, e ética de IA em particular, há mais de vinte anos. Primeiro, como professor de filosofia e, segundo, como conselheiro e consultor sobre ética de IA para líderes seniores em organizações que vão desde empresas da *Fortune* 500 a organizações sem fins lucrativos e startups, em setores tão variados quanto assistência médica, serviços financeiros, seguros e muito mais. Em ambos os papéis, meu trabalho não tem sido agir como uma espécie de oráculo ético, no qual compartilho minhas próprias visões éticas. Do contrário, minha missão é capacitar os outros a tomar decisões éticas embasadas e sábias. E trabalhando com todas essas empresas e em meus próprios negócios, aprendi um pouco sobre como tornar a ética de IA acionável e compatível com as necessidades corporativas do mundo real. Na verdade, você verá exemplos disso ao longo deste livro, enquanto explico as questões éticas de IA que meus clientes enfrentam e como os orientei para encontrar soluções seguras.

Por que Ética de IA?

Não vamos nos precipitar. Por que falar sobre ética? Ou melhor: por que falar sobre isso em um ambiente de negócios? Por que membros do conselho, da diretoria executiva, proprietários e gerentes de produtos, engenheiros, cientistas de dados e estudantes de tais coisas — o público-alvo deste livro — se *importam* com a ética de IA? Sim, claro, a ética é importante, amém, mas por que a ética de IA está recebendo tanta atenção e por que merece a sua, não apenas como ser humano, mas também como empregador e empregado?

É útil distinguir "IA para Melhorar" de "IA para Não Piorar". Aqueles que defendem a primeira querem usar a nova ferramenta que chamamos de inteligência artificial (mais sobre isso em breve) para criar um "impacto social positivo". Isso significa fazer coisas como criar IA que ajude a educar as pessoas nos países em desenvolvimento ou identificar fontes alternativas de energia ou tirar as pessoas da pobreza. Todos são objetivos nobres, e as pessoas que os perseguem devem ser aplaudidas.

A IA para Não Piorar, por outro lado, preocupa-se em evitar armadilhas éticas na busca de objetivos, sejam eles eticamente admiráveis ou neutros. Por exemplo, se você está criando uma IA para ler as dezenas de milhares de currículos que sua organização recebe, é uma meta bastante neutra quando se trata de ética; você não receberá grandes elogios morais por cumprir sua tarefa com eficiência. Agora, se está criando uma IA que, digamos, leve a discriminar sistematicamente mulheres e pessoas não brancas, isso é uma coisa ruim. Quem defende a IA para Não Piorar quer garantir que coisas ruins não aconteçam no desenvolvimento, na aquisição e, finalmente, na implantação dela, sejam quais forem seus propósitos. (Claro, é possível ter objetivos eticamente ruins, mas provavelmente quem os tem não se importa muito com os meios para atingir esses fins, e nesse caso essas pessoas também não serão do time IA para Não Piorar.)

Dizendo de forma um pouco diferente, IA para Não Piorar está relacionada à mitigação de risco ético. E, quando se trata de IA, há muitos riscos éticos que precisam ser mitigados.

Muitas empresas já aprenderam isso da forma mais difícil:

- Um carro autônomo da Uber matou uma mulher.[1]
- Agências reguladoras estão investigando a Optum Healthcare, por criar uma IA que recomenda que médicos e enfermeiros deem mais atenção a pacientes brancos do que a pacientes negros mais adoecidos.[2]
- O Goldman Sachs está sendo investigado por criar uma IA que define limites menores de crédito para mulheres do que para homens no Apple Card. No fim das contas, o Goldman não foi condenado, mas recebeu uma enxurrada de atenção midiática negativa.
- A Amazon abandonou uma IA de leitura de currículos depois de dois anos porque não conseguia descobrir como impedi-la de discriminar as mulheres.[3]
- Empresas que desenvolvem reconhecimento facial foram banidas de cidades em todos os EUA e receberam inúmeras críticas da imprensa.[4]
- A Northpointe criou um software de IA que discrimina pessoas negras sistematicamente nas classificações de risco para crimes, o que afetou as sentenças e decisões de fiança dos juízes.[5]
- O Facebook... bem, ali tem muitos problemas.

E a lista continua. E o que se vê é que os riscos éticos não são apenas ruins em si mesmos ou, mais especificamente, ruins para as pessoas prejudicadas pelos efeitos eticamente desastrosos de IA, como também representam riscos significativos de reputação, regulatórios e legais. E o mais alarmante é que, em escopo, os riscos sempre são grandes, precisamente porque a IA opera em escala. Esta é uma das razões primárias para o desenvolvimento da IA: tarefas que os humanos levariam centenas de horas para realizar são feitas por ela em meros segundos. A IA pode fazer muitos cálculos rapidamente. Ou seja, quando percebido, um risco ético nunca afeta somente uma pessoa, mas toda a enorme coletividade para quem a IA foi implementada: todos que se candidatam a um emprego ou que solicitam uma financiamento imobiliário ou empréstimo; qualquer pessoa na frente de um carro autônomo ou detectada por uma câmera de reconhecimento facial, que veja ou não um anúncio de emprego (em casos de discriminação), que vá a um hospital e seja diagnosticada por software de IA, que a IA direcione para uma negociação com você; e assim por diante. Dessa forma, dado o escopo de usos potenciais para a IA, que é enorme, a taxa de escala da IA, a qual é atordoante, e a variedade de coisas que podem dar eticamente errado no desenvolvimento e implantação da IA, que é vasta, não se pode deixar de fazer as seguintes perguntas:

- ▶ Quanto tempo e quantos recursos são necessários para responder a uma investigação regulatória?
- ▶ Quantos milhões são gastos pagando uma multa após ser considerado culpado, ou ao menos negligente, por violar regulamentos ou leis?
- ▶ Quantas centenas de milhões de dólares uma marca precisa gastar para reconstruir a confiança?

Por isso, este livro é útil para tantos grupos de pessoas. Se você faz parte do conselho ou da diretoria executiva, é responsável por garantir que riscos éticos graves e em larga escala não manchem a marca da organização ou incentivem investigações regulatórias e ações judiciais. Se é proprietário de produto ou gerente de uma equipe de IA, engenheiro ou cientista de dados, não é nada bom ser responsável por invasões de privacidade, discriminando inadvertidamente mulheres e pessoas não brancas ou manipulando as pessoas para gastar mais dinheiro do que têm. Na verdade, se você é funcionário de uma organização que desenvolve ou adquire IA, provavelmente não quer trabalhar para uma empresa tolerante a isso, mesmo que não esteja diretamente envolvido no desenvolvimento ou na aquisição de IA.

Não Há um Código de Conduta ou Normas Regulatórias para Resolver isso?

Se você pensa que já existem mecanismos adequados para cuidar disso, tudo bem. Os códigos de conduta corporativa exigem bom senso, integridade e altos padrões éticos. Existem leis antidiscriminação, e quando se trata de carros autônomos, por exemplo, leis punindo o homicídio e a lesão grave contra pedestres, mesmo que esteja chovendo um pouco. A ética de IA realmente precisa de um tratamento separado?

Bem, se não precisasse, este livro seria um grande desperdício de papel.

Os códigos corporativos de conduta regem o comportamento das pessoas para que possam estar cientes de quais comportamentos são aceitáveis ou não. Na maioria das vezes, as pessoas sabem como não fazer coisas ruins. Se não souberem, podem receber treinamento. No caso da IA, porém, os riscos éticos não são considerados resultado de mau comportamento, mas, sim, por não pensar nas consequências, por não monitorar a IA "na prática", não saber o que se deve observar ao desenvolver ou adquirir IA. Dizendo de outra forma, embora os riscos éticos de IA não sejam novidade — discriminação, invasões de privacidade, homicídio culposo, e assim por diante, existem desde tempos imemoriais —, a IA cria novos caminhos para materializar esses riscos. Isso significa que precisamos de novas maneiras de impedir que esses caminhos sejam percorridos.

Uma linha de pensamento semelhante se aplica no caso da lei e da regulação. Como existem novas maneiras de violar a lei, novas técnicas precisam ser criadas para parar os infratores bem-intencionados, mas potenciais. É mais fácil falar do que fazer. Como veremos nos próximos capítulos, algumas das técnicas para mitigar os riscos éticos de IA entram em conflito direto com a lei atual ou funcionam de maneira que não é um problema legal, mas ético, e é, portanto, reputacionalmente perigosa. Ou seja, as organizações podem estar na posição nada invejável de ter que decidir implementar uma IA eticamente arriscada, mas legalmente compatível; uma IA eticamente consistente, mas ilegal; ou impedir sua implementação.

Um Curso Intensivo em IA

Vamos explicar alguns termos. Quando as pessoas falam sobre IA na cultura pop, muitas vezes estão falando sobre o tipo de robôs que vemos no *Exterminador do Futuro*. Eles têm consciência, têm motivos questionáveis, são destrutivos e assim vai. No mundo da engenharia e da ciência da computação, isso se chama "inteligência artificial geral" (AGI), e algumas pessoas — Elon Musk e Stephen Hawking, por exemplo — pensam que a AGI levará à destruição da humanidade. Isso porque uma AGI seria altamente adaptativa, estabeleceria os próprios objetivos, em vez de fazer com que os humanos lhe dissessem o que almejar; talvez visasse a aniquilação. Poderia ser capaz de um nível de multitarefa do qual os humanos não são capazes; talvez substituísse a utilidade humana no local de trabalho. Poderia socar Rocky, ser mais inteligente que Sherlock e oprimir Pol Pot.

Mas a AGI não existe agora, e debate-se com veemência se um dia existirá. Basta dizer que a maioria, inclusive eu, acha que estamos muito longe de, se quisermos, criar uma AGI.

O que temos agora é chamado de "inteligência artificial estreita" (ANI). A ANI pode lidar apenas com tarefas relativamente... rufem os tambores... estreitas. Por exemplo, pode determinar prêmios de seguros-saúde, mas nada mais, a menos que se combine com outra ANI. É inflexível, busca um objetivo fornecido por desenvolvedores humanos. Não tem desejos de dominação mundial, de paz ou de qualquer coisa intermediária. De certa forma, é meio estúpida. Em frações de segundos, a calculadora do celular pode fazer cálculos matemáticos que você nunca conseguiria fazer na vida, mas não sabe que dois cookies são melhores do que um, e meu filho de 2 anos sabe disso. Também é extraordinariamente improvável que meu filho confunda uma bola de futebol com a careca de alguém; não é assim com uma IA de "rastreamento de bola".[6]

Então, o que temos é a ANI. Mais especificamente, a grande maioria das ANIs que as empresas desenvolveram e implementaram em um ritmo alarmante em todo o mundo se chama "aprendizado de máquina", ou AM. Vamos entrar em alguns detalhes de como o AM funciona em capítulos posteriores. Por enquanto, precisamos entender o básico para ver como são criados esses novos caminhos para os riscos éticos.

A primeira coisa a notar é que estamos falando apenas de software, e provavelmente você está bastante familiarizado com eles. Microsoft Word, Gmail, GarageBand, Call of Duty e Pornhub: todos exemplos de software. Você pode usá-los para criar ou visualizar conteúdo e, se quiser, ambos.

A base desse software é código computacional. Mas veja, existem todos os tipos de código computacional e técnicas que os engenheiros de computação usam para criá-lo. Uma dessas técnicas é usar um algoritmo, ou "algo". Algoritmos, em tese, são simples — são equações matemáticas que recebem alguma entrada, fazem alguns cálculos com essa entrada e, em seguida, fornecem uma saída. Talvez você tenha um algoritmo que apenas some dois a qualquer número que seja inserido nele. Então, você pega o número quatro, coloca no algoritmo, e ele cospe seis. É muito impressionante.

Alguns algoritmos são bastante complicados. As companhias de seguros complicaram os algos para determinar seu prêmio, por exemplo. Basta inserir algumas entradas — idade, gênero, histórico de condutor e assim por diante — no algoritmo proprietário, e ele gera um prêmio.

Na década de 1950, alguns cientistas da computação aprenderam a criar um tipo muito interessante de algoritmo: o de "aprendizado de máquina". Os algoritmos de aprendizado de máquina funcionam de maneira diferente do padrão. Com estes, você determina exatamente como as entradas serão tratadas, de tal forma que uma saída específica será gerada. A pessoa que desenvolveu um algoritmo de prêmio de seguro determina quais são as entradas e quanto cada uma deve importar ou pesar. Por exemplo, talvez a idade deva contar duas vezes mais do que o sexo ou o histórico do motorista deva ser três vezes mais importante que o CEP, e assim por diante. Mas, com o aprendizado de máquina, não se faz isso. Ao contrário — e, de certa forma, isso é o que é tão chocantemente simples sobre o aprendizado de máquina —, a IA aprende pelo exemplo.

Suponha que você queira que seu software com AM lhe diga se a imagem que acabou de enviar é uma foto de um cachorro. A primeira coisa que você precisa fazer é *treiná-lo*. Você começa tirando mil fotos de cães, inserindo-as no algoritmo de AM e, em seguida, diz: "Todas essas são fotos de cães. Encontre o que têm em comum — encontre o 'padrão de cão', presente em todos eles. O AM rastreia todas essas fotos e encontra um padrão que todas têm. Então você lhe dá a foto #1001, uma foto do seu novo cachorro, e diz à IA: "Se tiver o padrão de cachorro (se for uma foto suficientemente semelhante às primeiras fotos que lhe dei), diga-me que é um cachorro. Se não, diga-me que não é um cachorro." Se o AM fizer um bom trabalho, dirá que a foto #1001 é um cachorro. Se fizer um trabalho não tão bom (veremos posteriormente como ele pode falhar assim), dirá que não é um cachorro.

Caso diga, "não cão", você pode corrigi-lo. "Na verdade, AM, isso também é um cachorro." Em seguida, o AM procurará um novo padrão, que é obtido pelas fotos #1–#1001. E você prossegue. Ele aprende pelo exemplo, e quanto mais exemplos você der, em condições normais, melhor fica. Por que acha que o Google continua pedindo que você clique nas fotos com um carro para verificar se você é uma pessoa? Você está *rotulando* essas fotos a fim de que a empresa possa obter mais exemplos para alimentar o AM. Assim, ele fica melhor em reconhecer quando há um carro em uma foto. Você deveria ter enviado boletos para o Google pagar há anos.

Para ser claro, é totalmente incrível. Compare isso com o que teríamos que fazer sem esses programas que aprendem pelo exemplo. Teríamos que escrever uma sentença insanamente longa (em uma linguagem de programação computacional), como: "Se ele tem dois olhos e duas orelhas e os olhos estão a *x* polegadas de distância e blá-blá-blá, então rotule-o de 'cachorro'". Mas tentar acertar isso levaria uma eternidade, nunca conseguiríamos. Há outros animais com dois olhos e duas orelhas (gatos, lobos... humanos), alguns cães não têm uma orelha ou um olho, e assim por diante. Muito mais fácil dizer: "Olhe, rotule como 'cachorro' qualquer coisa que se pareça com essas coisas", e deixe a IA descobrir. É muito mais preciso também.

Você pode estar se perguntando por que a IA agora está na moda se os algoritmos de AM foram desenvolvidos na década de 1950. As principais razões têm a ver com o poder de processamento e com a disponibilidade de dados. Como se pode ver, o AM funciona bem quando tem muitos dados com os quais aprender, especialmente quando esses dados são digitalizados. Com o advento da revolução digital, incluindo a magnitude de como a internet se entrelaçou em quase todas as facetas da vida, vem uma enorme quantidade de dados já digitalizados e, portanto, utilizáveis para treinar algoritmos de AM. Dito isso, mesmo que, *por mais impossível que fosse*, tivessem todos esses dados naquela época, os cientistas da computação não poderiam fazer nada com eles, pois os computadores não tinham o poder de processamento para processar acervos gigantescos de dados. Então, em suma: algoritmos antigos + uma quantidade maluca de dados digitalizados + poder de computação insano = a revolução da IA (e AM) de hoje.

O Top Três

Em qualquer congresso no qual a ética de IA é discutida, é impossível não ouvir reiteradas referências a três temas que se destacam mais que todos os outros: IA enviesada, algoritmos caixa preta e violações assustadoras de privacidade. São, de longe, os problemas mais falados na ética de IA, porque estão estritamente correlacionados com usos de software de IA. A explicação dessa correlação reside na técnica ímpar do AM, que dá origem a esses riscos éticos. Vamos tratar deles um a um.

Privacidade

Suponha que esteja desenvolvendo uma IA e queira que ela seja incrivelmente precisa. O ideal é obter o máximo de dados possíveis para treiná-la. Serão dados sobre mim, seus amigos, sua família e qualquer outra pessoa. Em outras palavras, o combustível do AM são os dados, e, muitas vezes, são dados sobre pessoas. Então você — ou melhor, as empresas para as quais os desenvolvedores trabalham — é altamente incentivado a sugar o máximo de dados sobre o maior número possível de pessoas. Esses dados são úteis não apenas para fazer análises de dados padrão — visando obter informações sobre, digamos, seu perfil médio de cliente —, mas também para treinar sua IA. Novamente, não é como se as violações de privacidade não existissem antes da IA, mas, sim, que qualquer esforço para criar soluções de IA não será nada mais que um esforço para obter mais dados sobre mais pessoas, incentivando, assim, invasões de privacidade. Além disso, em virtude da coleta de dados de várias fontes, uma IA pode fazer inferências verdadeiras sobre as pessoas — inferências que as mesmas pessoas não querem que as empresas saibam.

Explicabilidade

O AM captura grandes quantidades de dados, "reconhece" um padrão ou padrões nesses dados e compara esse padrão com novas entradas para fazer uma "predição" sobre eles, por exemplo, a probabilidade de inadimplência de financiamento imobiliário, de cometimento de um crime nos próximos dois anos, de ser uma pessoa que pode clicar nesse anúncio e assim por diante. O problema é que os padrões são geralmente tão complexos ou abrangem uma gama de variáveis tão diferentes daquelas às quais prestamos atenção que muitas vezes não podemos explicar por que a IA gerou determinada saída. Esse software de reconhecimento de cães, por exemplo, analisa cada uma das fotos no nível dos pixels. Nós, humanos, obviamente não olhamos para imagens a esse nível e, mesmo que olhássemos, há muitos pixels a serem observados a fim de determinar quais padrões emergem entre eles. Da mesma forma, usando a IA, uma empresa pode não saber por que recusou tal pedido de financiamento imobiliário, por que concedeu tal limite de crédito ou por que exibiu a Fulano, e não a Beltrano, um anúncio de emprego ou uma entrevista. Você talvez tenha ouvido falar em "algoritmos caixa preta": este é o problema ao qual essa expressão se refere.

Viés

Se você já ouviu falar de algo sobre ética de IA, então já deve saber sobre algoritmos enviesados ou discriminatórios. O problema geral é que uma IA pode fornecer saídas que têm impactos diferenciais eticamente (e, em alguns casos, legalmente) inaceitáveis em várias subpopulações, e isso pode acontecer sem qualquer intenção discriminatória por parte dos engenheiros. Na verdade, isso pode acontecer mesmo quando há intenção de evitar a discriminação. Há muito a ser dito aqui, e abordaremos isso em detalhes no Capítulo 2, mas vale a pena explorar um exemplo para trazer o problema à tona.

Suponha que você receba dezenas de milhares de currículos todos os dias. Em vez de fazer com que os humanos se envolvam no processo trabalhoso de examinar todos eles, você quer treinar uma IA para lê-los e dar sinal verde aos currículos que devem levar a uma entrevista e sinal vermelho àqueles que não devem. Nesse caso, a primeira coisa que se precisa é de dados para treinar a IA e, felizmente, você tem um pouco deles: os últimos dez anos ou mais de dados de contratações dentro de sua organização, incluindo cópias digitalizadas de todos os currículos que foram aprovados e reprovados. Então, você dá todos esses currículos à IA, certificando-se de incluir em suas entradas quais currículos levaram a uma entrevista e quais não, após serem revisados por humanos — isso se chama "dados rotulados" — e diz à IA para procurar o padrão "de entrevista".

Quando a Amazon fez isso, sua IA aprendeu um padrão que desejava não ter, que era, grosso modo, *aqui não contratamos mulheres*. Como resultado, a empresa reprovou os novos currículos de mulheres, por localizar coisas como "Basquete Feminino da NCAA".

Podemos fazer uma variedade de perguntas sobre por que os anos anteriores de dados de contratação indicaram que a Amazon tende a não contratar mulheres. Pode ser o resultado de gerentes de contratação discriminatórios, de um problema geral de pipeline de mulheres na tecnologia que a Amazon herdou, que pode ou não refletir uma cultura misógina em tecnologia ou em disciplinas STEM [acrônimo em inglês para ciências, tecnologia, engenharia e matemática] em geral. Pode ser porque os homens são mais propensos a mentir nos currículos do que as mulheres; pode ser todas ou algumas dessas coisas e muito mais. Não precisamos decidir isso aqui. Tudo o que precisamos saber é que o padrão estava lá, a IA o reconheceu independentemente de quaisquer intenções dos engenheiros que a treinavam e, como resultado, ofereceu indicações discriminatórias. (Esse exemplo também mostra por que um código de conduta que exige bom comportamento não é um ponto de partida bom.)

Os engenheiros da Amazon tentaram consertar a IA para que não discriminasse as mulheres; posteriormente, mergulharemos em alguns detalhes. Mas saiba por enquanto que eles não conseguiram fazer isso. E dando um grande crédito à Amazon e aos engenheiros, eles abandonaram o projeto ao qual haviam dedicado centenas de milhares de dólares em mão de obra (sem mencionar os custos de processamento de treinamento e retreinamento de um algoritmo, que são bastante significativos).

Esta é outra razão para levar a sério os riscos éticos de IA: se você não sabe como lidar com eles, pode desperdiçar muito tempo e dinheiro desenvolvendo softwares que, no fim das contas, são muito arriscados para usar ou vender.

Abrangência e Distinção
Estrutura-conteúdo

Privacidade, explicabilidade e viés são os três grandes desafios da ética de IA. Mas nem todos os riscos éticos de IA se enquadram perfeitamente nessas três categorias. Elas costumam ser destacadas nas discussões sobre ética de IA porque são particularmente relevantes em virtude de como o AM funciona. A verdade é que alguns dos maiores riscos éticos de IA são resultado dos usos específicos em que se emprega a tecnologia.

A vigilância (por tecnologia de reconhecimento facial, para citar um exemplo) é um problema porque destrói a confiança, causa ansiedade, altera o comportamento das pessoas e, finalmente, corrói a autonomia. Questionar se as pessoas estão sendo tratadas de maneira respeitosa, se certo design de produto é manipulador ou apenas dá incentivos razoáveis, se certa decisão seria cruel ou (culturalmente) insensível, se coloca um fardo grande demais em pessoas de modo que não se possa razoavelmente esperar algo delas... são todas questões éticas que podem surgir dependendo do caso de uso de uma IA, e há muitas outras.

Em minha opinião, o interesse quase total da comunidade de ética de IA nos três grandes desafios (exceto por preocupações com casos de uso específicos, como software de reconhecimento facial) criou um perigo em si. Isso incentiva uma abordagem tendenciosa para identificar riscos éticos, o que abre margem para falhas na identificação desses riscos. Por sua vez, esse fato levou as empresas a pensar que já estão "fazendo ética de IA" porque examinam criteriosamente o viés e tentam construir modelos explicáveis. Mas, além do fato de que elas costumam entender essas coisas de forma errada — trataremos disso mais adiante —, as empresas simplesmente não estão analisando todo o panorama de riscos. Precisamos de uma abordagem *abrangente*.

Uma distinção crucial para entender a ética de IA, particularmente no contexto de colocá-la em prática, é Estrutura versus Conteúdo.

Uma organização que analisa minuciosamente os riscos éticos de IA precisa de uma *Estrutura* de governança. Haverá políticas, processos, responsabilidades específicas por papéis e muito mais. Dito de outra forma, uma organização que tem um programa de risco ético de IA ou um framework implementado com um conjunto de mecanismos para identificar e mitigar os riscos éticos que podem ocorrer no desenvolvimento, na aquisição e na implementação de IA. Isso consiste no conjunto de coisas que serão citadas em resposta à pergunta: "*Como sua organização identifica e mitiga os riscos éticos de IA?*"

Por outro lado, os riscos éticos que a empresa deseja evitar constituem o *Conteúdo* de seu programa. A maioria da comunidade de ética de IA está comprometida com um programa que inclua nesse Conteúdo o respeito à privacidade das pessoas, tornando as saídas de todos os

AM explicáveis e garantindo que forneça saídas justas ou equitativas (ou seja, imparciais).

A distinção entre Estrutura e Conteúdo pode ser esclarecida considerando um exemplo extremo. Imagine uma organização com uma estrutura ética de IA absolutamente invejável. As responsabilidades específicas do papel de coletores de dados, engenheiros e cientistas de dados, gerentes de produto e assim por diante são transparentes. Os meios pelos quais eles levam as preocupações à liderança sênior são testados e comprovados. Há um comitê de ética que realiza as tarefas com total seriedade. É uma maravilha mecanicista.

Agora pegue essa Estrutura e coloque-a em uma organização como a Ku Klux Klan. Será maravilhoso para eles garantir que seus conjuntos de dados sejam enviesados de maneira que favoreça as pessoas brancas e especialmente os homens brancos, garanta a obscuridade das decisões sobre sentenças condenatórias para pessoas negras e crie produtos particularmente bons em vigiar membros da comunidade LGBTQ.

Esse exemplo evidencia bastante a distinção entre Estrutura e Conteúdo. A Estrutura diz respeito à maneira como se identifica e se mitiga os riscos éticos. O Conteúdo diz respeito ao que é considerado riscos éticos. Um programa eficaz de risco ético de IA inclui ambos.

Chegamos a essa distinção porque estávamos falando sobre os três grandes desafios da ética de IA, e observei que há muito mais riscos éticos do que esses três. Como mencionei, enfatizá-los excessivamente resulta em uma abordagem tendenciosa para identificar e mitigar riscos éticos. Precisamos de abrangência. Mais especificamente, precisamos de programas de risco ético de IA que compreendam uma abrangência profunda de todos os riscos éticos que estamos tentando evitar (Conteúdo) e que não deixe pedra sobre pedra ao procurá-los (Estrutura). Não podemos deixar que nossa preocupação com o top três eclipse o que estamos procurando ou como procuramos.

Isso contrasta com a forma como a maioria das empresas aborda a ética de IA, se é que a aborda. Essa abordagem consiste em se preocupar com o viés em particular e, em seguida, usar uma ferramenta técnica para identificá-lo a fim de que várias técnicas de mitigação de viés possam ser empregadas. Discutirei isso em detalhes em um capítulo posterior, mas já podemos ver o quanto essa abordagem é limitada.

O que Está por Vir

Quase todas as discussões sobre ética de IA começam com a condenação da existência da IA enviesada, inexplicável e violadora da privacidade, ao mesmo tempo em que se expressa indignação com as empresas que as desenvolvem. Essas pessoas estão abordando a questão do conteúdo. A conversa, então, imediatamente gira em torno de técnicas ou de ferramentas que os desenvolvedores podem usar para mitigar riscos éticos. A suposição implícita nesse eixo é que entendemos os problemas de Conteúdo bem o suficiente para começar a trabalhar na mitigação dos riscos. Entretanto, essa suposição também é falsa.

Mesmo aqueles que passam muito tempo falando e até trabalhando no campo da ética de IA têm muita dificuldade em entender o que deve ser feito, porque estão tentando construir Estrutura em torno de algo que ainda acham gosmento, difuso e subjetivo. Essas pessoas estão fazendo mitigação de risco ético de IA e, embora possam saber muito sobre IA e sobre mitigação de risco, não sabem muito sobre ética.

Ao longo deste livro, defendo o argumento de que você nunca obterá uma Estrutura robusta e abrangente se não entender a ética, ou seja, se não entender o lado do Conteúdo das coisas. Na verdade, minha tese é ainda mais forte do que isso: entender o Conteúdo facilita enxergar a Estrutura de um programa de ética de IA.

Continuarei batendo na mesma tecla. Depois de compreender quais são os riscos e de onde vêm, não é um grande salto descobrir o que fazer sobre isso. Todo mundo está por aí surtando e gritando:

"Como operacionalizamos a ética de IA? O que vamos fazer?!" Minha reação é: "Acalme-se. Você só está agitado porque não entende o suficiente sobre ética (de IA). Se entendesse, veria que não é tão difícil." Você pode (grosso modo) obter conhecimento sobre o que fazer quando estiver bem informado sobre os problemas e de onde vêm. Entenda o Conteúdo e a Estrutura se torna bem óbvia.

A razão pela qual as pessoas não conseguem visualizar a Estrutura agora é que ela está coberta por uma névoa de confusão conceitual, perguntas confusas e a boa e velha (e involuntária) ignorância. É difícil saber o que construir quando não se entende as fundações ou o local da construção. Ajudarei a dissipar a névoa e a revelar o cenário da ética de IA, e farei isso, em grande parte, ajudando-o a entender o lado do Conteúdo das coisas. Você será capaz de entender o cenário e orientar-se.

No Capítulo 1, começaremos transformando a ética gosmenta em algo concreto. Explicarei como várias confusões levaram as pessoas a pensar a ética como subjetiva, o que é problemático não somente porque a verdade é importante, mas porque pensar a ética como dura e objetiva é extremamente útil no contexto da criação de um programa de risco ético de IA.

Os Capítulos 2 a 4 abordam os três grandes desafios da ética de IA, um por capítulo. Como veremos, essas questões são muito mais do que histórias assustadoras nas notícias e nas mídias sociais, e aprofundar a compreensão de como essas questões surgem e por que são importantes ajudará muito a nos instruir como mitigá-las.

No Capítulo 5, direi como criar uma declaração ética de IA que realmente oriente as ações (em vez de funcionar, na melhor das hipóteses, como relações públicas), articulando valores à luz dos tipos de ações que sua organização vê como eticamente fora dos limites.

O Capítulo 6 é uma articulação explícita da Estrutura de um programa de risco ético de IA eficaz, abrangente e escalável. Você pode ver esse Capítulo como uma espécie de *conclusão* que pode ser tirada dos Capítulos 1 a 5, que são capítulos de Conteúdo.

Finalmente, o Capítulo 7 se concentra em uma área específica em sua Estrutura: sua equipe de produtos e como eles devem pensar o Conteúdo se quiserem fazer o trabalho direito.

Não vou mentir: há muito para digerir. Para facilitar um pouco, dei uma lista de pontos-chave a você. Se você entender a lógica por trás de cada um deles, verá o cenário ético de IA com facilidade.

É hora do primeiro passo para levantar essa névoa: desfazer o dogma sobre a subjetividade da ética. Vamos lá!

Resumo

- A ética de IA pode ser dividida em dois domínios: IA para Melhorar e IA para Não Piorar. O primeiro é uma tentativa de criar um impacto social positivo. Este último é sobre a mitigação do risco ético.
- Os riscos éticos não são apenas ruins porque fazer a coisa errada é ruim. Os riscos éticos que as empresas podem perceber no uso de IA também são riscos de reputação, regulatórios e legais que podem custar centenas de milhões em multas e taxas legais, sem mencionar uma enorme quantidade de tempo e algo que é notoriamente difícil de recuperar uma vez perdido: a confiança do cliente e do consumidor.
- Um código de conduta não é adequado para a mitigação do risco ético de IA. O mau comportamento dos funcionários não é o problema.
- As regulamentações e leis atuais não cobrem todos os riscos éticos que podem prejudicar uma marca, e quase certamente nunca o farão.
- Os riscos éticos de IA nos negócios são, por enquanto e no futuro previsível, o resultado do desenvolvimento da inteligência artificial estreita (ANI) e, mais especificamente, do aprendizado de máquina (AM).
- Os três grandes desafios da ética de IA são violações de privacidade, explicabilidade e viés. Eles não são, no entanto, os únicos riscos éticos de IA. Muitos surgem dos inúmeros casos de uso de IA (por exemplo, reconhecimento facial e carros autônomos).

- Devemos distinguir Estrutura e Conteúdo de um programa de ética de IA. A Estrutura fala dos mecanismos formais em vigor para identificar e mitigar riscos éticos. O Conteúdo fala sobre o que a organização considera eticamente arriscado ou, dito de outra forma, o que a organização considera eticamente bom e ruim. Ter um controle firme sobre o Conteúdo facilita a visualização do que é uma boa Estrutura.

1

Como Se Deve Pensar sobre Ética

Este livro dá conselhos sobre como construir, adquirir e implementar a IA de maneira eticamente (e, portanto, reputacional, regulamentar e legalmente) segura, e fazê-lo em escala. Não estamos aqui para abordar questões existenciais e metafísicas do tipo: "Como a IA afeta o que devemos pensar sobre o que é ser humano?" ou "O que a IA nos ensina sobre a natureza da consciência?". Dito isso, não podemos obter uma direção firme sem fundações conceituais firmes. Este capítulo estabelece essas bases.

O executivo sênior que descreveu a ética de IA como "gosmenta" não era um idiota; era uma pessoa com uma carreira longa e bem-sucedida em risco e em conformidade. E os outros que a descrevem como "confusa" e "subjetiva" também são pessoas inteligentes e realizadas.

Como ex-professor de filosofia, ouvi essas opiniões por quase vinte anos. Agora as vejo outra vez com meus clientes, e sempre que as pessoas falam sobre ética de IA em quase qualquer contexto. Quando as ouço, logo aponto que tal mentalidade impede o progresso.

Quando dizem que a ética é gosmenta — ou, como direi a partir de agora, "subjetiva" —, as pessoas estão de fato dizendo que não sabem ao certo o que pensar sobre ela, e geralmente desistem de fazê-lo.

É bastante difícil para os líderes seniores tentarem efetuar mudanças dentro da organização. Esses líderes estão tentando criar um programa abrangente de risco ético de IA, que exige adesão em todos os níveis da organização. Eles muitas vezes têm a experiência de entrar em uma sala de engenheiros, dizendo-lhes que a ética de IA é muito importante e, em seguida, enfrentar a pergunta inevitável: "Mas a ética não é subjetiva?"

É o beijo da morte. Engenheiros tendem a gostar de coisas que são concretas, quantificáveis, empiricamente verificáveis. Se não for, não merece atenção ou cuidado intelectual. O líder sênior falando sobre ética em IA? Isso é só RP. É o politicamente correto atrapalhando o progresso tecnológico. É um assunto delicado que não tem espaço em uma conversa entre pessoas sérias e, certamente, não tem nos negócios.

O líder que não sabe como responder a tais reclamações está em apuros. Se disser: "Bem, sim, é subjetiva, mas...", ele já perdeu. Portanto, os líderes seniores precisam acertar isso se quiserem obter a adesão organizacional de que precisarão para impulsionar — desculpe, aninhar — a ética de IA em todas as operações.

Mas isso é só o começo. Também é preciso que as pessoas pensem sobre ética de maneira que não seja recebida com indiferença sempre que precisarem fazer alguma reflexão ética, conforme exigido pelo programa de ética de IA que você implementará; na realização do processo de due diligence de risco ético durante o desenvolvimento do produto, por exemplo, ou nas deliberações de um comitê de ética.

Portanto, fazer com que os funcionários pensem a ética da IA como algo diferente de subjetivo é imperativo, tanto para a adesão organizacional quanto para a análise eficaz de riscos éticos durante o desenvolvimento, aquisição e implementação do produto. Por acaso, há uma razão muito boa para você e sua equipe pararem de pensar a ética como subjetiva e começarem a pensá-la de maneira que se preste a discussões frutíferas e, por fim, identificação e mitigação de riscos. Falando de modo um pouco distinto, se você está propenso a falar sobre "IA responsável", precisará pensar sobre ética de maneira que se preste a uma investigação responsável sobre os riscos éticos de IA. E, para aqueles que estão no "fundão", falando de outro modo mais uma vez: a ética da IA é sobre duas coisas — IA e ética. No capítulo anterior, explicamos o que é IA e AM e como funcionam. Agora é hora de explicar a ética.

Não se preocupe: não vou escrever um tratado filosófico aqui. Tudo o que você precisa para pensar sobre ética de maneira eficaz é saber sobre *uma pergunta, uma confusão* e *três argumentos notoriamente ruins, mas onipresentes, que fazem você pensar que a ética é subjetiva.* Quando fizermos isso, vamos colocar a ética em prática.

A Pergunta

Uma pergunta que me fazem muito é "O que é ética?". Quem indaga isso normalmente está procurando uma "definição" de ética. Eles podem até perguntar: "Como você define 'ética'?" ou "Qual é a sua definição de 'ética'?".

Mas minha visão de como entender *o que é* ética — e isso é realmente o que a pessoa quer saber — é pensar em algumas das perguntas centrais que caracterizamos naturalmente como questões *éticas*:

- ▸ O que é uma boa vida?
- ▸ Temos alguma obrigação um com o outro? Quais são elas?
- ▸ A compaixão é uma virtude? E a coragem? E a generosidade?
- ▸ O aborto é eticamente permitido? Pena de morte? Eutanásia?

- O que é privacidade? As pessoas têm direito a ela?
- O que é discriminação? O que a torna ruim?
- As pessoas têm o mesmo valor moral?
- Os indivíduos têm obrigação de se autoaperfeiçoarem?
- É eticamente admissível mentir?
- As empresas têm obrigações com seus funcionários? E com a sociedade em geral?
- O Facebook está incentivando ou manipulando injustificadamente os usuários a clicar em anúncios?
- É eticamente permissível usar algoritmos caixa preta para diagnosticar doenças?

E assim por diante. O que é ética? Bem, não se preocupe com a definição do termo — se você quer uma, basta procurá-la no dicionário. Se quiser saber do que se trata a ética, pense sobre esses tipos de perguntas e aquelas que as permeiam. Se entende isso, não há razão para se preocupar com definições.

A Confusão

Uma fonte significativa de confusão para muitas pessoas que pensam a ética como subjetiva é não distinguir entre as *crenças* das pessoas sobre a ética — o que acreditam ser eticamente certo ou errado, bom ou ruim e assim por diante — e a própria ética. E ao juntar essas duas coisas, fazem afirmações equivocadas sobre a subjetividade da ética quando estão, na verdade, fazendo afirmações sobre a variação das crenças das pessoas. Para vermos isso, daremos um passo para trás.

Por um lado, há nossa crença sobre a Terra ser plana ou esférica e, por outro, há a forma real da Terra. Por um lado, há nossa crença sobre a composição química da água ser H_2O ou H_3O e, por outro, há a composição química real da água. Por um lado, há nossa crença sobre se a eleição norte-americana de 2020 foi roubada ou legítima e, por outro, há a legitimidade real da eleição.

Em geral, distinguimos nossas crenças sobre X e como X é realmente, e às vezes nossas crenças são verdadeiras, às vezes são falsas. Se não fizéssemos essa distinção entre nossas crenças sobre X, por um lado, e como X é realmente, por outro, teríamos que pensar que acreditar em X o faz ser de um jeito, mas ninguém pensa que acreditar que a Terra é esférica ou plana, que a água é H_3O ou H_2O, ou que a eleição foi roubada ou legítima são coisas que tornam a Terra esférica, ou a água composta de H_2O, ou a eleição legítima.

É claro que as crenças das pessoas sobre isso podem mudar ou evoluir ao longo do tempo. Em um ponto, a maioria das pessoas acreditava que a Terra é plana, não acreditava que a água é H_2O (em sua defesa, não sabiam nada sobre química), e algumas pessoas deixaram de acreditar que a eleição foi roubada e agora acreditam que foi legítima. Então, nossas crenças mudam, mas as coisas sobre as quais se tinha (ou não) crenças eram o que eram o tempo todo. Não é como se a Terra mudasse de plana para esférica.

Vamos continuar com essa distinção: por um lado, há nossa crença sobre a permissibilidade ética ou a inadmissibilidade da escravidão e, por outro, se a escravidão é eticamente permissível. Se há alguma coisa eticamente *inadmissível*, é a escravidão.

Em um ponto, a maioria das pessoas — particularmente aqueles que se beneficiaram da escravidão — acreditava que a escravidão era eticamente permitida. Mas as crenças das pessoas mudaram ou evoluíram ao longo do tempo, e agora todos acreditam que a escravidão está errada. O erro da escravidão não mudou; sempre foi errado. (Nota rápida: há uma questão à parte sobre até que ponto aqueles que pensavam que era eticamente permissível são merecedores de *culpa*, uma vez que todos ao seu redor também pensavam que era permissível, mas não discutiremos isso aqui.)

De certa forma, tudo isso é bastante óbvio. *É claro* que há diferença entre o que as pessoas acreditam sobre X e como X realmente é. Mas as coisas tendem a ficar muito estranhas quando as pessoas falam sobre ética; a distinção vai direto por água abaixo. As pessoas dirão coisas como: "Sua ética é diferente da minha" ou "A ética é subjetiva porque a ética ou a moralidade varia entre culturas e indivíduos", ou "A ética evoluiu ao longo do tempo; as pessoas já pensaram que a escravidão era eticamente permitida e agora acham que não é".

Mas agora somos capazes de ver que "sua ética é diferente da minha ética" pode significar "o que é eticamente certo para você é eticamente errado para mim" ou "o que você acredita ser eticamente certo é algo que acredito ser eticamente errado". E já vimos que, embora as crenças éticas claras mudem ou evoluam ao longo do tempo, não significa que o que é certo ou errado mude ao longo do tempo. O que é estranho é que, quando as pessoas dizem essas coisas, muitas vezes pensam em crenças éticas como *a mesma coisa* que o certo e errado ético, e isso é simplesmente uma confusão.

Explicando melhor, a questão sobre a ética ser subjetiva ou não está relacionada ao fato de as crenças éticas das pessoas variarem ao longo do tempo e entre indivíduos e culturas. Claro que é assim! A questão sobre a ética ser subjetiva se relaciona ao fato de que algo ser certo ou errado, ou bom ou ruim, varia ao longo do tempo, entre indivíduos e culturas. Agora que entendemos isso, podemos examinar as razões comuns para pensar que a ética é subjetiva.

Três Argumentos Muito Ruins que Fazem Você Pensar que a Ética É Subjetiva

Dizer que a ética é subjetiva é dizer que não há fatos sobre o que é eticamente certo, errado, bom, ruim, permissível, inadmissível e assim por diante. Se a ética é subjetiva, então não apenas *as crenças* éticas variam de acordo com o indivíduo e a cultura, mas a *ética em si* varia de acordo com o indivíduo e a cultura. Se a ética é subjetiva, então não há tal coisa como investigação ética *responsável*, porque ninguém pode estar incorreto em suas conclusões (o mesmo vale para a ética responsável da IA, ou "IA responsável"). Se a ética é subjetiva, então é sensível, gosmenta, difusa e não é um assunto para pessoas sérias e certamente não para pessoas sérias em um contexto de negócios.

Agora sabemos do que se trata a ética. E sabemos distinguir entre crenças éticas sobre o que é certo ou errado e *o que é* certo ou errado. No entanto, mesmo as pessoas que conhecem essas coisas ainda podem pensar que a ética é subjetiva. E nesses quase vinte anos de ensino de filosofia, notei três argumentos principais para a crença de que a ética é subjetiva, cada um dos quais é totalmente equivocado. Vou expô-los e depois explicar o que há de errado com eles. E para deixar mais explicado: não é apenas a minha opinião de que são argumentos ruins. Os filósofos não concordam muito, mas há um consenso de que, mesmo que a ética seja subjetiva, não é por nenhum destes argumentos.

Argumento Muito Ruim nº 1: A ética é subjetiva porque as pessoas discordam sobre o que é certo e errado. As pessoas se envolvem em controvérsias éticas; elas discordam sobre a permissibilidade moral do aborto e da pena capital, sobre mentir para a polícia para proteger o amigo e se a coleta de dados das pessoas sem o conhecimento delas em troca do uso livre de serviços é eticamente permissível. E como há tanta discordância — tantas crenças morais e éticas diferentes —, a ética é subjetiva; *não há verdade* sobre esse tema.

Argumento Muito Ruim nº 2: A ciência nos entrega a verdade. Ética não é ciência, então não nos dá a verdade. A ciência, e mais especificamente, o método científico, é *a única* maneira de descobrirmos verdades sobre o mundo. Observações empíricas ("ver é crer") e investigações (experimentos científicos, por exemplo) fornecem fatos sobre o mundo. Todo o resto é interpretação, ou seja, subjetivo. Mais uma vez, a ética é subjetiva porque as observações empíricas têm o monopólio da verdade; ética e investigação ética, por não serem empíricas, dizem respeito ao reino da não verdade. Em suma: *apenas afirmações cientificamente verificáveis são verdadeiras.*

Argumento Muito Ruim nº 3: A ética requer uma figura de autoridade para dizer o que é certo e errado; caso contrário, é subjetiva. Você tem suas crenças, eu tenho as minhas e outra pessoa tem as dela. E não é como se tivéssemos evidências científicas de que uma visão está certa e outra está errada, então quem deve dizer o que é certo e o que é errado? É tudo subjetivo. Em suma: *se existem verdades éticas, então deve haver uma figura de autoridade que torna isso certo e aquilo errado.*

O que Há de Tão Ruim nos Argumentos Ruins

Por que o Argumento Muito Ruim nº 1 é muito ruim? O primeiro argumento para pensar que a ética é subjetiva é a discordância das pessoas sobre o que é certo ou errado, e se elas discordam sobre essas coisas, então não há verdade no assunto. Este é um bom argumento? Acertou: é muito ruim! E é possível perceber como é ruim quando se leva em conta o seguinte princípio:

*Se as pessoas discordam sobre X, então
não há verdade na questão sobre X.*

Veja, esse princípio é obviamente falso. As pessoas discordam de todos os tipos de coisas sobre as quais há uma verdade no assunto. As pessoas discordam sobre se os humanos são produto da evolução, se os carros autônomos substituirão os dirigidos por humanos em uma década, se há algo no centro de um buraco negro e até se a Terra é plana ou esférica. Mas ninguém pensa: "Bem, acho que não há verdade na questão sobre a forma da Terra!"

O fato de as pessoas discordarem sobre X não comprova que não há verdade sobre X.

E assim é, também, com a ética. O fato de as pessoas discordarem sobre mentir para proteger seu amigo da polícia, se as pessoas devem ser donas dos próprios dados, se o Facebook se envolve em manipulação eticamente inaceitável de seus usuários e assim por diante, não comprova que não há verdade sobre essas questões.

"Mas", as pessoas rebatem, "com a ética é diferente. É uma exceção ao princípio".

Mas por que deveríamos pensar que com a ética é diferente? Por que pensar que está isenta da lição que acabamos de aprender sobre discordância e verdade?

A resposta é a mesma 99% das vezes: "Porque os outros casos de discordância podem ser cientificamente comprovados. Não há como a ciência resolver a ética."

Essa é uma boa resposta, de certa forma. Mas é um total *abandono* do primeiro argumento e uma retirada para o Argumento Muito Ruim nº 2 para pensar que a ética é subjetiva. A resposta apenas diz: "Somente afirmações cientificamente verificáveis são verdadeiras." Então vamos investigar isso.

Por que o Argumento Muito Ruim nº 2 é muito ruim? Este é surpreendentemente fácil de refutar. Diz que apenas afirmações cientificamente verificáveis são verdadeiras. Na verdade, vamos destacar isso em letras garrafais:

Afirmação: Somente afirmações cientificamente verificáveis são verdadeiras.

Se você é particularmente astuto, acabou de se fazer uma pergunta: "Se esta é uma afirmação, e a afirmação diz que apenas afirmações cientificamente verificáveis são verdadeiras, o que dizer dessa afirmação?"

A pergunta revela o problema com esta posição: ela é autodestrutiva. Afinal, como você verificaria cientificamente essa afirmação? Apresente-a ao químico, ou ao biólogo, ou ao físico, ou ao geólogo, e diga: "Por favor, realize um experimento para verificar essa afirmação." O que eles poderiam fazer? Escrevê-la em um pedaço de papel e medir quanto peso o papel ganhou? Anexá-la a um leitor sísmico? Colocar algumas células nela? Não há nada que possam fazer, e isso é porque a afirmação não é cientificamente verificável. Então, qualquer um que acredite nela, se quiser ser coerente, terá que parar de acreditar. E para aqueles que desde o início nunca acreditaram, tudo bem. Então, faça o que fizer, não acredite na afirmação. É falsa.

Por que o Argumento Muito Ruim nº 3 é muito ruim? OK, estamos quase acabando. Você pode pensar que, para que a ética não seja subjetiva, tem que haver fatos éticos, e para que haja fatos éticos, terá que haver uma figura de autoridade para dizer o que é certo e errado.

Mas isso é ignorar algumas maneiras básicas pelas quais pensamos sobre os fatos. Ninguém diz: se há fatos sobre a forma da Terra, ou sobre a história evolutiva dos seres humanos, ou sobre a composição química da água, então deve haver uma figura de autoridade que faz dessas coisas fatos. Em vez disso, há fatos sobre essas coisas e há pessoas (cientistas, é claro) que nos dão a *evidência* para as afirmações de que a Terra é esférica, os seres humanos são produto da evolução biológica e a água é composta de H_2O. É a evidência, os argumentos que eles nos oferecem para essas conclusões, que ganha o dia, e certamente não são os *descobridores* dessa evidência que tornam a Terra esférica ou a água composta de H_2O.

Se há fatos morais ou éticos, então devemos esperar que sejam da mesma maneira que os demais fatos. Não há necessidade de uma figura de autoridade para torná-los verdadeiros. Ao contrário, há pessoas (filósofos e teólogos, por exemplo) que fornecem provas ou argumentos para as afirmações éticas que fazem. Pense nos muitos argumentos, contra-argumentos e contracontra-argumentos nas discussões sobre a permissibilidade moral do aborto. Nenhuma dessas pessoas diz: "Eu acho que é errado, então é." Se o fizessem, não lhes daríamos atenção. Quando fazemos o nosso melhor, prestamos atenção aos seus argumentos e investigamos se são sólidos, assim como fazemos com argumentos científicos.

Por que Isso Importa?

É importante nos livrarmos dessas confusões e argumentos ruins. Na ética, inclusive em áreas relacionadas à inteligência artificial, enfrentamos problemas éticos muito reais. Esses problemas, se não forem devidamente resolvidos tanto ética quanto tecnicamente, podem levar a consequências desastrosas. Mas se abrirmos mão da ética como sendo algo objetivo, como algo sobre o qual podemos raciocinar e apresentar argumentos e mudar razoavelmente nossas mentes, então abrimos mão de que a investigação ética seja uma ferramenta à nossa disposição para resolver esses problemas reais.

Deixe-me ser um pouco mais específico. Eu testemunhei centenas, se não milhares, de discussões sobre questões de importância ética. E todas seguem o mesmo caminho, desde que as pessoas se sintam confortáveis para expor suas opiniões. Temos algumas pessoas argumentando por um lado, outras argumentando por outro, e aqueles que não têm certeza de que posição tomar. Isso é difícil. E, então, alguém diz: "Assim, o que importa? Tudo isso é subjetivo, afinal." E então todos se olham, param e dão de ombros. Ponto-final. Todas. As. Vezes.

Até eu perguntar: "Por que você acha que a ética é subjetiva?" E aí sempre ouço os Argumentos Muito Ruins. Quando os desarticulamos, as pessoas retomam o assunto, desta vez invulneráveis a um comentário que as faria perder o rumo totalmente.

Você não precisa começar seu programa de ética de IA falando sobre a natureza da ética. Mas se não envolver isso em algum momento, eu lhe prometo — eu lhe *prometo*: as pessoas vão trazer à tona os Argumentos Muito Ruins. E então você terá um monte de gente que se ressente do politicamente correto ou das coisinhas delicadas que estão atrapalhando a grandeza tecnológica. Também terá conformidade reduzida com seu programa de ética de IA e maior risco. O que as pessoas pensam sobre a ética de IA terá impacto sobre a efetividade do seu programa de ética de IA.

Qual É... Ética? Objetiva?

Eu *não estou* tentando convencê-lo de que a ética não é subjetiva. Não estou tentando convencê-lo de que existem fatos éticos. Estou tentando convencê-lo de que os argumentos-padrão para pensar que a ética é subjetiva são muito ruins, e não enxergar isso pode levar a muitos problemas. Mas o fato de que existem três argumentos muito ruins para pensar que a ética é subjetiva não significa que não possa haver um quarto argumento, muito bom, para pensar que a ética é subjetiva.

Neste livro, não entraremos nesse mérito. O ponto de neutralizar os argumentos muito ruins é que continuamente interrompem discussões frutíferas e são um empecilho para a aceitação organizacional genuína, de cima para baixo. Noventa e nove por cento das pessoas que veem por que são argumentos muito ruins estão prontas para aceitar que a ética não é subjetiva e, portanto, o objetivo prático de discutir isso é alcançado.

Para aqueles de vocês que não estão convencidos, no entanto, deve-se pelo menos achar que pensar que existem fatos éticos não é uma posição irracional. Certamente não é *loucura*. E assim, com *o propósito de criar e participar de um programa de risco ético de IA*, convido você a se juntar a essas pessoas na prática. Isso lhe permitirá pensar sobre como seria um sistema eficaz para identificar e mitigar esses riscos. Possibilitará que tenha conversas baseadas na razão ou em evidências com colegas sobre qual é a coisa certa a fazer. E isso garantirá que você não encerre conversas importantes que levam à proteção de sua organização contra riscos éticos, reputacionais, regulatórios e legais.

Por que Não Falar Apenas sobre a Percepção do Consumidor em Vez de Ética?

Você pode estar se perguntando por que precisamos falar sobre ética. Por que não falar apenas sobre crenças éticas do consumidor ou sobre a percepção do consumidor de forma mais geral? Então seria possível fazer a pesquisa de mercado padrão e simplesmente torná-los seus padrões éticos internamente. A ética de IA, na realidade, são apenas valores de marca incorporados ao desenvolvimento e à implementação de produtos de IA, então vamos deixar todo esse papo de ética de lado. Na verdade, vamos abandonar esse rótulo de "Ética de IA" e chamá-lo do que é: "Percepções do Consumidor de IA", OK?

Esta é uma pergunta totalmente razoável. Não acho que se baseia em confusão, mal-entendido, ingenuidade ou falha de caráter ético. Não é uma coisa *louca* de se fazer. Dito isso, é imprudente. Aqui estão três razões pelas quais eu aconselho contra isso.

Calma, meu bem, eu posso operacionalizar... Adotar as visões éticas dos consumidores ou dos clientes continua dando uma visão ética que você, agora, precisa operacionalizar. O problema é que as análises relativamente grosseiras da percepção do cliente não são adequadas para responder às decisões refinadas que você precisará tomar. Por exemplo, todos que têm o mínimo de decência — incluindo os consumidores, é claro — se opõem à discriminação contra as pessoas com base na raça. Mas o modo de pensar sobre discriminação no contexto de, digamos, determinar quais métricas usar para avaliar se os resultados do seu modelo são discriminatórios não é algo com o qual consumidores possam ser úteis. Na verdade, o problema aqui é duplo: primeiro, as percepções éticas dos clientes são muito cruas para serem facilmente transferidas aos seus problemas específicos e, segundo, os clientes ainda nem pensaram sobre os problemas que você tem.

O Facebook, por exemplo, está sob muito escrutínio pela forma como os algoritmos determinam o conteúdo a ser veiculado nos feeds de notícias das pessoas. Foi feito até um documentário sobre o assunto, *O Dilema das Redes*. Mas quando os engenheiros do Facebook e desenvolvedores de produtos estavam escrevendo esses algoritmos, não podiam nem começar a perguntar aos clientes o que pensavam, porque eles não entendem nada sobre algoritmos, as armadilhas potenciais, quais dados estão sendo coletados e o que está sendo feito com eles, e assim por diante. Assim, o Facebook — e qualquer empresa envolvida na produção de tecnologias inovadoras — precisa prever as maneiras pelas quais vários riscos éticos podem ser percebidos antes que os clientes saibam que essas tecnologias existem e, portanto, antes que tenham crenças ou percepções éticas a serem detectadas.

Confiança requer liderança ética. As empresas exigem que os consumidores confiem nelas se quiserem atrair e manter esses consumidores, e nada viola a confiança tão impiedosamente quanto uma violação ética em escala. Pense nas hashtags #DeleteFacebook, #DeleteUber, #BoycottStarbucks, que bombaram nos Estados Unidos. Cada uma dessas empresas violou a confiança do consumidor — confiança de que protegeriam seus dados, de que tratariam os funcionários respeitosamente e de que garantiriam um ambiente não discriminatório para afro-americanos, respectivamente — e a viralização disso foi muito prejudicial para elas. A vacina é uma liderança ética.

Não quero dizer que as corporações precisam ser Gandhi, e sim que precisam articular valores éticos com clareza e explicar como vivem de acordo com eles. Se uma empresa não é capaz de fazer isso, e simplesmente alega fidelidade a um código ético e, em seguida, corre para a pesquisa de mercado sobre as opiniões do consumidor naquele dia e toma decisões exclusivamente com base nisso, ela pode esperar que sua mensagem ética soe vazia e, assim, a confiança de os consumidores será perdida. Basta pensar em quanto tempo você quer passar com a pessoa que defende vários valores e, em seguida, faz tudo aquilo que as pessoas populares mandam fazer.

Adesão organizacional. Enfatizei que criar um programa de ética em IA requer adesão de cima para baixo, e um anátema para essa adesão é que os funcionários vejam a ética em IA como RP ou se curvando ao politicamente correto. Se sua estratégia geral de ética em IA se reduz a obedecer aos resultados da pesquisa de consumidores, deve-se esperar que não apenas se deixará de obter a adesão de uma grande variedade de stakeholders internos, mas também que você alienará o número crescente de funcionários apaixonados pela ética de IA e que será acusado de lavagem ética. Se quiser entrar no jogo, terá que levar a ética, não apenas as percepções éticas dos consumidores, muito a sério.

Aonde Vamos Agora

Os fundamentos da ética, agora concretos, estão estabelecidos. É hora de construir sobre essa base, entendendo o viés, a explicabilidade e as preocupações com a privacidade de forma que revele de qual estrutura precisamos. Começaremos no próximo capítulo com a questão mais controversa de todas: a IA discriminatória.

Resumo

- Colocar um programa de ética de IA em prática requer a adesão organizacional. Entrar nesse jogo exige que as pessoas entendam o que é a ética de IA. Entender o que é ética de IA requer entender um pouco de IA e de ética.
- Os principais obstáculos para compreender aspectos cruciais do que é ética incluem confundir crenças éticas com fatos éticos — e os Argumentos Muito Ruins que levam as pessoas a pensar e a falar sobre ética como sendo "gosmenta" ou "subjetiva". Pensar sobre ética dessa maneira é pensar que não há fatos éticos a serem descobertos, e isso acaba levando à indiferença das pessoas quando se trata de pensar cuidadosamente em identificar e mitigar riscos éticos.
- A ética de IA não deve ser reduzida a reações à pesquisa de mercado sobre a percepção ou sentimento do consumidor, por pelo menos três razões: (1) um programa de ética de IA envolve a operacionalização de um conjunto de valores, sobre os quais os relatórios de percepção do consumidor são omissos; (2) os consumidores estão procurando liderança ética e um mero apelo ao sentimento do dia não atende a esse limite; e (3) essa abordagem alienará tanto aqueles que não estão particularmente preocupados com os riscos éticos de IA dentro da organização quanto aqueles que estão, levando a uma falta de conformidade e à rotatividade, respectivamente.
- Tudo isso significa que você precisará fornecer educação sobre IA e ética ao seu pessoal.

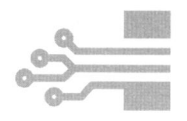

2

Viés

Em Busca de uma IA Justa

A Pessoa 1 e um amigo estavam indo buscar uma criança na escola e tinham pressa para chegar a tempo. Eles armaram um plano tolo para chegar lá mais rápido e tentaram roubar uma bicicleta e uma scooter. A scooter e a bicicleta, somadas, valiam US$80, e ambas pertenciam a uma criança de 6 anos; a mãe da criança viu as duas pessoas e começou a gritar. Percebendo isso, elas rapidamente largaram os veículos e fugiram. A Pessoa 1 já tinha antecedentes de atos infracionais na juventude.

Em outro caso, a Pessoa 2 roubou ferramentas de uma loja de materiais de construção no valor de US$86,35. No passado, a Pessoa 2 cumpriu cinco anos na prisão por duas condenações: tentativa de roubo com emprego de arma, roubo consumado com emprego de arma e ainda havia sido acusada uma terceira vez por novamente tentar cometer o mesmo crime.

Suponha que você seja um juiz e tenha que determinar o risco de a Pessoa 1 ou de a Pessoa 2 cometer um crime (não uma contravenção) nos próximos dois anos. Quanto a mim, se eu fosse o juiz, eu seria mais duro com a Pessoa 2 do que com a Pessoa 1, pois me parece que a Pessoa 1 é um risco muito menor do que a Pessoa 2; atos infracionais não causam o mesmo alerta que múltiplos casos de roubo com emprego de arma.

O juiz, neste caso, discordou de mim. Ele não somente considerou que a Pessoa 1 era um risco maior do que a Pessoa 2, mas também avaliou a Pessoa 1 com um grau de risco de 8/10 e a Pessoa 2 com 3/10.

Mais três fatos importantes sobre este caso:

- A Pessoa 1 é uma mulher jovem negra.
- A Pessoa 2 é um homem branco de meia-idade.
- O juiz que determinou o grau de risco foi um software de IA.

O caso não é isolado. Como um artigo emblemático de 2016 da ProPublica relatou sobre este software, chamado COMPAS: mantendo fixos fichas de antecedentes criminais e tipos de crime, a predição para a propensão de réus negros cometerem um crime violento foi de 77% e, para crimes de qualquer natureza, 45%.[1]

E isso, lembrando, ocorreu *mantendo todas as outras variáveis fixas*. Simplesmente não se pode falar sobre como abordar o conteúdo de um programa de risco ético de IA sem falar seriamente sobre IA enviesada, e há *muito* o que falar sobre isso.

Soluções viáveis, por outro lado, são difíceis de encontrar, e as abordagens atuais abrem margem para riscos.

Tecnologia de Ponta

No nível mais alto, o AM pega um conjunto de entradas, executa vários cálculos e cria um conjunto de saídas. Por exemplo, entre com dados sobre solicitantes de empréstimo e os dados de saída serão sobre quem é aprovado ou negado. Entre com dados sobre quais transações ocorreram onde, quando e por quem e os dados de saída tratarão da legalidade das transações. Ou entre com fichas de antecedentes criminais, currículos e sintomas e obtenha saídas relacionadas a risco criminal, seleção para entrevistas e doenças, respectivamente.

Nesse caso, o AM está distribuindo bens e serviços: empréstimos, entrevistas, moradia e assim por diante. E *se* você tiver informações sobre a demografia de seus candidatos — falaremos sobre isso em outro momento —, então será possível ver como essas aprovações ou negações são distribuídas entre as várias subpopulações. Podemos observar, por exemplo, que a IA de leitura de currículo, treinada com os dados de contratação dos últimos dez anos dentro da organização que a desenvolveu, gerará algo assim:

- ▶ Entrevista 30% de todos os candidatos homens.
- ▶ Entrevista 20% de todas as candidatas mulheres.
- ▶ Entrevista 10% de todos os candidatos homens negros.
- ▶ Entrevista 5% de todas as candidatas mulheres negras.

À primeira vista, isso levanta bastante desconfiança. Parece muito que essa IA é enviesada contra mulheres, homens negros, e, especialmente, mulheres negras.

O que fizemos, presumivelmente, é identificar que o AM é enviesado ou discriminatório. Mas como podemos ter certeza? O que constitui um conjunto discriminatório de resultados? Podemos quantificar isso? Podemos conceber um software que verifique saídas enviesadas que também *medem* esse viés?

Isso é exatamente o que uma variedade de grandes empresas de tecnologia, startups e organizações sem fins lucrativos criaram, e fizeram isso usando várias métricas e "definições" de justiça* e viés, de acordo com pesquisas acadêmicas sobre justiça de aprendizado de máquina.

Esse assunto fica rápida e extremamente técnico, mas não precisamos mergulhar nesses detalhes. Tudo o que precisamos saber é que existem várias métricas quantitativas para justiça com as quais os resultados de vários modelos de AM podem ser comparados. E identificar o viés dessa forma também se presta a mitigar o viés, ou seja, a escolher uma estratégia de mitigação dele. Engenheiros e cientistas de dados precisam ajustar o produto de tal forma que ele se saia melhor de acordo com as métricas, gerando resultados menos enviesados e, portanto, tomando "decisões" corretas sobre quem deve ou não obter um empréstimo, uma entrevista, uma casa e assim por diante.

Mas não se deve comemorar antes do tempo. Há pelo menos cinco problemas com essa abordagem.

Primeiro, existem cerca de duas dúzias de métricas quantitativas para a justiça e, o mais importante, elas *não são compatíveis entre si*.[2] Simplesmente não se pode ser justo de acordo com todas elas ao mesmo tempo.

Por exemplo, a Northpointe, fabricante do software COMPAS, que classifica os réus mencionados na abertura deste capítulo de acordo com o risco criminal, respondeu às acusações de discriminação, frisando que estava usando uma métrica quantitativa diferente e perfeitamente legítima para justiça. Mais especificamente, o COMPAS visava maximizar sua classificação positiva real entre réus negros e réus brancos. A ideia por trás disso é bastante simples: é muito ruim deixar prováveis reincidentes em liberdade. Quanto melhor identificarmos essas pessoas, melhor nos sairemos.

---

* No aprendizado de máquina, como a inteligência artificial aprende com os dados que lhes são fornecidos, *fairness* é a reprodução de desigualdades sociais e de preconceitos. No Brasil, é possível encontrar *fairness* traduzido como imparcialidade, neutralidade ou justiça. Neste livro, usarei justiça. [N. da T.]

A ProPublica usou uma métrica diferente para justiça: a taxa de falsos positivos entre réus brancos e réus negros. A ideia por trás disso também é bastante simples: é muito ruim prender prováveis não reincidentes. Quanto mais pudermos não prender pessoas desnecessariamente, melhor nos sairemos.

Então a Northpointe queria maximizar os positivos reais, enquanto a ProPublica queria minimizar os falsos positivos. Obviamente, não é possível fazer as duas coisas ao mesmo tempo. Quando se maximiza os positivos reais, os falsos positivos aumentam, e quando se minimiza os falsos positivos, os positivos reais diminuem.

As ferramentas técnicas para identificação e para mitigação de vieses não são úteis neste caso, já que podem informar como os vários ajustes feitos em uma IA resultam em diferentes pontuações, segundo diferentes métricas de justiça, mas simplesmente não podem dizer qual métrica usar. Em outras palavras, abrem muita margem para riscos éticos.

Isso significa que é preciso fazer um julgamento *ético*, mas os cientistas e engenheiros de dados estão despreparados para isso: quais (se existentes) dessas métricas quantitativas de justiça são éticas ou adequadas para uso? Os técnicos estarem despreparados não tem nada a ver com caráter, mas, sim, com o fato de simplesmente não terem recebido a educação e o treinamento para lidar com dilemas éticos complexos. Em suma, quando se trata de fazer esses tipos de julgamentos, os especialistas não estão na sala: nem advogados, e, certamente, nem teóricos políticos ou especialistas em ética. Mas se eles não estiverem presentes, não se pode esperar uma decisão especializada. Não levar isso em conta pode ter consequências no mundo real.

Isso nos leva à nossa primeira "Estrutura da Lição de Conteúdo". Destacarei isso sempre que nossa compreensão sobre o Conteúdo das coisas — por exemplo, que viés preconceituoso e discriminação são questões eticamente complexas que não podem ser resolvidas com uma correção técnica ou matemática — nos revelar que precisamos de algo em nossa Estrutura:

> **Estrutura da Lição de Conteúdo nº 1:** Deve haver um indivíduo, ou melhor, um conjunto de indivíduos com relevantes conhecimentos éticos, legais e de negócios, que determinem quais (se existentes) das métricas matemáticas de justiça são apropriadas para o caso de uso específico.[3]

A qualificação "se apropriado" nesta lição é importante e fala sobre uma pergunta que praticamente todos os meus clientes me fazem: "Todas as distribuições diferenciais de um bem entre subpopulações são injustas? Essa distribuição diferente [de empréstimos, de anúncios, de recomendações etc.] entre os grupos não pode se justificar às vezes?"

Em suma, a resposta é sim. Primeiro, há casos em que o bem ou serviço que está sendo distribuído não é exatamente crucial para viver uma vida digna. Suponha, por exemplo, que sua IA recomende a qual filme assistir a seguir, e que as recomendações para filmes de Steven Spielberg são distribuídas diferencialmente em várias subpopulações. Não é o tipo de questão com a qual precisamos nos preocupar no contexto de modelos discriminatórios. Segundo, há casos plausíveis em que algumas subpopulações recebem uma fatia muito maior do bolo devido à sua representação na população em geral, mas não achamos que o argumento de injustiça deva alterar isso. Por exemplo, e um caso um pouco controverso, o ingresso a universidades de elite nos Estados Unidos é desproporcionalmente concedido a pessoas de ascendência asiática e a judeus. No mínimo, não é de todo óbvio que isso precise ser "corrigido" aplicando métricas quantitativas de justiça. Trata-se apenas de ilustrar que existem casos e casos e casos, e, de acordo com a Estrutura da Lição nº 1, são necessárias pessoas apropriadas para determinar quais (se existentes) das métricas quantitativas de justiça são apropriadas, dado o caso de uso.

Segundo, essas ferramentas não recomendam *estratégias de mitigação de viés* quando este tenha sido identificado, e não há uma solução única para todos. Vejamos, por exemplo, o software de reconhecimento facial que é enviesado contra as mulheres negras (em virtude de não identificá-las tão bem quanto identifica outras subpopulações), e o software de contratação imaginado no início deste capítulo, que também é enviesado contra as mulheres negras.

No caso do software de reconhecimento facial, o problema está na subamostragem — na falta de dados suficientes.[4] O conjunto de dados de treinamento simplesmente não incluía fotos suficientes de mulheres negras (de diferentes ângulos, diferentes condições de iluminação etc.). A estratégia de mitigação de vieses de preconceito, em linhas gerais, é clara: tire mais fotos de mulheres negras. (Eu digo "em linhas gerais", já que como exatamente se obtêm essas fotos e se isso é feito de forma ética são outras questões.)

No caso do software que classificou o risco dos contratados, o viés é o resultado de perceber um certo padrão nos dados históricos relativos às contratações feitas dentro da organização, especificamente, "não contratamos mulheres". Nesse caso, obter *mais* dados — mergulhando nos últimos vinte anos de contratação, em vez de apenas nos últimos dez — seria uma estratégia de mitigação terrível de vieses. Na verdade, só serviria para consolidar o viés de preconceito existente.

Como determinar exatamente a gama de estratégias de mitigação de viés dentre as muitas disponíveis e, em seguida, qual estratégia implantar em um caso de uso específico é uma questão complicada, envolvendo riscos éticos, legais e de negócios. Essas ferramentas técnicas não podem (e não devem) tomar esse tipo de decisão. E assim chegamos à...

Estrutura da Lição de Conteúdo nº 2: Precisamos de um indivíduo ou, idealmente, um conjunto de indivíduos que tenha a experiência relevante para selecionar estratégias apropriadas de mitigação de viés.

Terceiro, essas ferramentas medem as saídas dos modelos de IA, o que significa que a identificação de vieses ocorre bem no ciclo de vida de desenvolvimento: depois que os conjuntos de dados foram escolhidos e os modelos foram treinados, ou seja, depois que uma grande quantidade de recursos foi dedicada ao produto. Portanto, é ineficiente, além de impopular, voltar à fase de planejamento se for detectado um problema de viés que não possa ser resolvido de maneira que envolva ajustes relativamente mínimos da IA. A probabilidade de o viés ser mitigado a partir da primeira etapa de desenvolvimento do produto é muito maior, assim como a eficiência de sua mitigação quando as tentativas de identificação de vieses começam antes de treinar o modelo, por exemplo, durante a coleta de dados para o treinamento. Além disso, escolher as métricas de justiça relevantes antes de treinar um modelo é uma proteção contra a escolha de métricas exaustivamente testadas; métricas de justiça com pontuação alta não são nenhuma grande conquista, principalmente quando se escolhe o subconjunto de métricas que já tem pontuação alta. E, assim, chegamos a outra Estrutura da Lição de Conteúdo.

Estrutura da Lição de Conteúdo nº 3: As tentativas de identificar e de mitigar possíveis vieses em modelos devem começar antes de treinar o modelo e, idealmente, antes de determinar a aparência e a origem dos conjuntos de dados de treinamento. (Na verdade, a probabilidade de evitar a criação de uma IA discriminatória deve ser levada em conta antes mesmo da decisão de desenvolver uma solução de IA.)

Quarto, essas ferramentas técnicas não abrangem todos os tipos de viés. Por exemplo, não descobrem se o seu motor de busca tem rotulado as pessoas negras como "gorilas".[5] Não verificam se o seu chatbot está sendo culturalmente insensível a, digamos, pessoas no Japão por não usar uma linguagem compatível com uma cultura que honra seus anciãos. Estes são casos de viés ou, no caso do Japão, de insensibilidade cultural, para os quais não existe ferramenta técnica. Algumas pessoas chamam isso de "danos representacionais", em oposição aos danos "alocativos" de uma distribuição injusta de bens ou serviços.

Quinto, as formas como essas ferramentas medem o viés *não são* compatíveis com a legislação antidiscriminação existente.[6] Essa legislação proíbe as empresas de usar variáveis como raça e gênero nos processos de tomada de decisão. Mas e se o uso dessas variáveis for necessário para testar modelos de IA quanto ao viés, influenciando, assim, as mudanças que as equipes de IA fazem no modelo em um esforço para mitigá-lo? Isso não apenas parece eticamente permissível, mas também eticamente necessário. Isso deixa as empresas na posição desconfortável de tomar uma decisão importante e substantiva que pode variar razoavelmente caso a caso: devem mitigar os vieses de seu modelo de uma forma que a legislação antidiscriminação (antiquada) proíbe ou, em vez disso, devem agir de acordo com a legislação antidiscriminação existente e descartar um modelo enviesado ou cancelar completamente o projeto?

> **Estrutura da Lição de Conteúdo nº 4:** Deve-se incluir um advogado ao determinar as técnicas apropriadas de mitigação de viés.

De Onde Vem o Potencial de Discriminação?

Os cinco problemas com as abordagens técnicas atuais para mitigação de vieses não surgem porque é difícil identificar estruturas de processo ou de supervisão; surgem porque há riscos relacionados ao Conteúdo em jogo. Qual (se existente) das várias "definições" matemáticas de justiça é a métrica *apropriada* para usar em determinado caso de uso? "Apropriada", neste contexto, refere-se a riscos éticos, reputacionais, regulatórios, legais e de negócios. Existem maneiras pelas quais o modelo pode ser injusto ou unilateral de forma que não seja capturada por essas métricas? Todos os impactos diferenciais em várias subpopulações são discriminatórios ou há casos em que serão permitidos, ou até mesmo necessários?

Neste contexto, a pergunta geral que uma organização precisa fazer é: as saídas de nossos modelos podem ser discriminatórias? Em caso afirmativo, o que fazer a respeito? Correndo o risco de ser repetitivo, digo novamente: *esta é uma questão de Conteúdo, não de Estrutura.* Quem deve fazer essa pergunta, quando, o que deve fazer quando há incertezas... São todas questões relativas à Estrutura. E quanto mais soubermos sobre as questões de Conteúdo, mais fácil será criar uma Estrutura, e mais bem-sucedidos seremos no processo.

É impossível listar todas as maneiras possíveis de desenvolver uma IA discriminatória, são muitas. Mas vejamos seis exemplos comuns em duas categorias.

Categoria I: Problemas com Seus Dados de Treinamento

Exemplo 1: Discriminação no mundo real. O mundo pode ser um lugar feio. Uma prova dessa feiura é a existência de discriminação, atualmente e, especialmente, no curso da história. Suponha que você queira treinar sua IA para aprovar ou desaprovar financiamentos imobiliários e use dados históricos sobre a quem esses financiamentos imobiliários foram concedidos no passado. Como se vê, devido à discriminação no mundo real, o percentual de financiamentos concedidos a negros é baixo, por isso os dados de treinamento refletem esse fato. O padrão que essa IA aprende é: "Não concedemos financiamentos imobiliários para pessoas negras."

Exemplo 2: Subamostragem. O mundo tem muita complexidade, e seu conjunto de dados de treinamento pode não conseguir capturar tudo isso. Suponha, por exemplo, que você queira dados sobre os padrões de trajeto de pessoas indo e voltando do trabalho para que seja possível planejar o horário do transporte público de acordo. Seus dados de treinamento consistem em geolocalizações de smartphones durante as horas-padrão de deslocamento. Mas nem todo mundo pode ter um smartphone; geralmente as pessoas mais ricas têm (o que também se correlaciona com a raça nos Estados Unidos). Os dados de treinamento, portanto, subamostram dados sobre os padrões de deslocamento de quem é menos abastado financeiramente. Como resultado, a IA treina com o deslocamento dos mais ricos, portanto você provavelmente tomará decisões que beneficiarão os bairros em que as essas pessoas vivem, resultando em uma desvantagem relativa para os menos abastados.

Exemplo 3: Viés de proxy. Às vezes, não é possível obter dados sobre o que você realmente quer, então utiliza-se um proxy. Suponha que você queira criar uma IA de classificação de risco para réus criminais e saber a probabilidade de alguém cometer um crime dentro de dois anos após ser solto. Como não se pode obter dados sobre quem cometeu um crime, usam-se dados sobre *estar sendo acusado* de um crime, por exemplo, dados sobre quem é preso. Como se vê, porém, determinadas populações são presas com maior frequência por uma variedade de razões, como policiamento desproporcional (que pode estar relacionado a atitudes discriminatórias, uma resposta a taxas de criminalidade relativamente elevadas ou ambos). Quanto mais se policia uma população, mais problemas se verá (tudo o mais é igual) e, portanto, mais prisões serão feitas, ainda que esses mesmos problemas estejam surgindo na mesma proporção em uma população menos policiada. O resultado? O software diz que os negros são mais propensos a cometer um crime — Ops! Digo, ser presos — do que os brancos.

Categoria 2: Problemas com Teste e com o Modo de Pensar sobre o Caso de Uso

Exemplo 4: Modelo coarse-grained. As pessoas são diferentes, e se tratá-las da mesma forma, pode ter problemas. Suponha que queira criar uma IA de detecção de diabetes. Você tem bons dados de diferentes subpopulações, mas, no fim das contas, a IA aplica os mesmos critérios para o diagnóstico, independentemente da etnia ou sexo específico do paciente. O problema é que o diabetes se apresenta de forma diferente entre essas duas categorias, e não levar isso em consideração resulta em erros de diagnóstico. O modelo "generalizado" simplesmente não funciona.

Exemplo 5: Benchmark ou viés de teste. O objetivo é testar sua IA em comparação a um benchmark que avalia outras IAs (talvez de concorrentes). Mas suponha que o benchmark seja enviesado, que você treinou sua IA de financiamentos imobiliários e, em seguida, verificou seu desempenho com o conjunto de dados de benchmark usado pela maioria dos credores imobiliários. Suponha, ainda, que o desempenho dessa IA nos testes seja extraordinariamente bom, pelo menos em um aspecto: a taxa de positivos reais — a taxa na qual identifica corretamente as pessoas aptas ao financiamento imobiliário — é muito alta. Você pensa: "Sucesso!", só que o conjunto de dados de benchmark subamostrou drasticamente os dados sobre financiamentos imobiliários concedidos aos negros. Como resultado, você acha que tem um preditor com alta precisão* para pessoas aptas ao financiamento imobiliário, quando na verdade tem um preditor com alta precisão para pessoas brancas aptas ao financiamento imobiliário.[7]

Exemplo 6: Viés da função objetivo. Seus próprios objetivos podem involuntariamente levar a impactos díspares entre várias subpopulações. Suponha que sua empresa/produto determine quem deve receber um transplante de pulmão. Um pensamento que você pode ter é: "Queremos que esses pulmões sejam funcionais pelo máximo de tempo possível após o transplante. Certamente não queremos doar os pulmões a uma pessoa de 90 anos, que os usará por pouco tempo, se pudermos doá-lo a uma pessoa de 18 anos." Então, você usa sua IA para determinar quais pacientes têm maior probabilidade de usar os pulmões durante o maior período de tempo. Os negros tendem a não viver tanto quanto os brancos, então os brancos foram inadvertidamente favorecidos em detrimento dos negros na distribuição de transplantes de pulmão em seu modelo de IA.

Este é um caso particularmente controverso. Pode-se responder: "Olha, a melhor opção ética é maximizar os anos que as pessoas vivem. Nós, como empresa de assistência médica, não podemos levar em conta várias injustiças históricas complicadas ou mesmo o acaso. Simplesmente não está dentro de nossa alçada ou de nossas responsabilidades

---

* Em aprendizado de máquina, a métrica de avaliação acurácia (*accuracy*) indica o desempenho geral de um modelo. A métrica de avaliação precisão (*precision*) indica as classificações positivas feitas por um modelo. Em estatística, grosso modo, precisão é grau de variação entre medidas e métricas. Acurácia é uma espécie de soma entre precisão e exatidão. Neste livro, usou-se o termo precisão para *accuracy*, visto que o autor discorre sobre ética, evitando, assim, as tecnicidades. [N. da. T.]

e, francamente, não temos os recursos para realizar as investigações necessárias a fim de tomar uma decisão embasada sobre nosso papel em relação à justiça racial."

Então, novamente, pode-se dizer: "Somos uma empresa de assistência médica e não podemos desfazer todas as injustiças históricas. Mas, na medida em que podemos agravar ainda mais essas injustiças ou desempenhar um papel de equilibrar as coisas, devemos lutar por esse equilíbrio, pois é como podemos garantir que a população negra tenha tanto acesso a tratamentos que salvam vidas quanto qualquer outra população. Se isso significa fazer algum outro sacrifício ético, como não maximizar os anos que as pessoas vivem, pelo menos no curto prazo, então que assim seja."

É uma questão de Conteúdo *muito* difícil. Para respondê-la — ou a qualquer outra questão em que a determinação de uma função objetivo seja potencialmente discriminatória —, uma organização terá que analisá-la a fundo. Quanto a *como* fazer isso, bem, *esta é* uma questão de Estrutura.

Estratégias de Mitigação

Identificar essas fontes de viés (e outras) não é tarefa fácil. Além disso, é apenas o começo, já que sua equipe precisa escolher uma estratégia adequada de mitigação de vieses. Algumas estratégias envolverão obter mais dados (no caso de subamostragem), obter melhores proxies ou informações reais, se puder (no caso de viés de proxy), ou ser muito cuidadoso sobre se o seu modelo generalizado é o certo para essa população de tamanhos variados. Mas espere, tem mais.

Para definir a forma de ponderar as várias entradas para sua IA, é necessário tomar decisões. Por exemplo, ao determinar o prêmio do seguro para o seguro de carro, é possível considerar o histórico de condução mais importante do que a idade, o tipo de carro mais importante do que a cor do carro, e assim por diante. Se quiser saídas diferentes, é possível alterar quais entradas são inseridas ou os pesos delas. Talvez, por exemplo, fazer com que o CEP conte, mas não tanto, impeça a discriminação contra raça, já que o CEP geralmente se correlaciona muito com esse indicador.

Há também decisões sobre definições de limites para diferentes populações. A IA pode gerar uma "decisão" binária: entrevistar ou não entrevistar, conceder ou negar empréstimos, veicular ou não veicular anúncios e assim por diante. No entanto, as predições ou saídas da IA muitas vezes não são binárias; existem em um espectro. É necessário decidir onde essa linha tênue deve ser traçada, ou seja, que limite precisa ser vencido para obter um sim em vez de um não. Qual deveria ser esse limite? Deve-se variá-lo dependendo de qual subpopulação será alvo da tomada de decisão?

Finalmente, há decisões sobre o que fazer quando não se tem os dados demográficos com os quais se pode comparar as saídas. Até agora, temos presumido que sua organização tem os dados demográficos das pessoas sobre as quais a IA fará predições. Mas é possível não ter esses dados e, em alguns casos, pode ser ilegal solicitá-los. Ainda haverá estratégias disponíveis para mitigar o viés? Talvez fosse eticamente permissível usar proxies para várias subpopulações e depois tentar uma distribuição justa entre esses grupos proxy. Claro que isso é potencial e eticamente problemático, para não mencionar legalmente questionável.

É muita coisa, eu sei, então vamos simplificar.

Antes de começar a treinar uma IA:

1. Analise seus conjuntos de dados de treinamento e sua função objetivo como fontes potenciais de saídas discriminatórias, considerando o caso de uso.
2. Pondere se é possível introduzir resultados discriminatórios em virtude de como planeja testar o modelo.

3. Uma vez que as fontes potenciais de resultados discriminatórios tenham sido identificadas, determine estratégias apropriadas de mitigação de viés para cada uma das fontes.

    a. Isso pode incluir, por exemplo, obter mais dados, introduzir dados sintéticos (ou seja, criados por cientistas de dados) e alterar sua função objetivo.

4. Escolha as métricas quantitativas de justiça apropriadas para o seu caso de uso pretendido.

Depois de treinar uma IA:

5. Identifique se as saídas da IA são justas sob a luz das métricas de justiça que você escolheu antes do treinamento. Se sim, tudo certo. Se não, veja o item 6.
6. Identifique estratégias adequadas de mitigação de viés. Isso pode incluir não apenas aqueles mencionados no item 3a, mas também modificar seu(s) limite(s) e ajustar suas ponderações.
7. Volte ao item 5.

São instruções de um nível bastante alto, pois se referem à análise, à ponderação e à escolha. As questões que precisam ser analisadas, ponderadas e escolhidas variam de análises quantitativas de conjuntos de dados a avaliações qualitativas do que é eticamente apropriado para decisões qualitativas sobre estratégias adequadas de mitigação de viés, que podem ser restringidas não apenas pela disponibilidade de dados, mas também por tempo e recursos limitados. No meu idioma, essas instruções estão no nível do Conteúdo. *Como* analisar, ponderar e escolher é uma questão de Estrutura. Mas agora você sabe o que sua Estrutura precisa cumprir: precisa ser criada de tal modo que, entre outras coisas, possa analisar, ponderar e escolher sistematicamente, de forma abrangente e responsável, esses tipos de questões, como a Estrutura das Lições de Conteúdo exige. No Capítulo 6, entraremos nos detalhes de como construir essa Estrutura.

Duas Omissões Gritantes

Vá a qualquer evento em que se discuta ética de IA e você ouvirá pelo menos dois apelos apaixonados à diversidade e à inclusão, pois ambos têm relação com questões de viés na IA. É quase clichê neste momento ouvir: "Precisamos de mais diversidade entre nossos engenheiros e cientistas de dados desenvolvendo a IA" ou "Precisamos engajar os stakeholders e envolvê-los no processo de design, especialmente quando são membros de populações historicamente marginalizadas". Não podemos encerrar uma conversa sobre viés de IA sem abordar esses problemas.

A primeira afirmação é que precisamos ter equipes de engenharia e de design de produtos mais diversificadas. Se tivéssemos, isso mudaria a forma como os produtos são criados, de modo que refletisse a diversidade demográfica da equipe. Um exemplo comum utilizado para esse argumento é o design do cinto de segurança. Como foram projetados por homens, os bonecos de teste de colisão carregam os pesos e as proporções do homem norte-americano médio. O resultado é um ajuste pior e, portanto, maior risco para as mulheres, especialmente gestantes. Outro exemplo é o "dispenser racista de sabonete", que libera sabonete líquido quando uma mão está diante de seu sensor. Como os membros da equipe que o construíram eram brancos, eles treinavam o dispenser com as mãos deles e, devido ao leve contraste entre suas mãos e o fundo do ambiente, o dispenser não liberava sabonete para pessoas de pele mais escura.

A segunda afirmação é que precisamos engajar uma ampla gama de partes interessadas, particularmente membros de grupos historicamente marginalizados. Exemplos de produtos específicos de IA que poderiam se sair melhor nisso não são tão comuns, embora outros tipos de exemplos sejam abundantes, como políticas que afetam desproporcionalmente pessoas não brancas e campanhas publicitárias que insultam várias comunidades.

Normalmente, posso ser descrito como um aliado e um forte defensor das questões de justiça social em geral e questões de justiça racial em particular. Acho que, como sociedade, empresas e indivíduos, precisamos melhorar. Acho que precisamos de abordagens abrangentes e estratégicas dentro das empresas para combater vários vieses na contratação e na promoção. Tudo isso é para prefaciar que, embora falar de equipes de engenharia diversificadas e consultar stakeholders possa parecer muito bom, e que quem propaga essa mensagem está inquestionavelmente *certo* de que essas coisas são importantes em termos de justiça, há pouca evidência de que são as formas mais eficazes ou mais rápidas de mitigação do viés da IA. De certo modo, isso é bom, já que diversificar as equipes de engenharia e de produtos de uma maneira que reflita a diversidade de um país como, digamos, os Estados Unidos, é um objetivo multigeracional. Se, para identificar e mitigar o viés na IA, for necessário alcançar um objetivo multigeracional, estamos em grandes apuros.

Uma questão semelhante surge no que diz respeito ao engajamento dos stakeholders, e ninguém pode negar racionalmente que é uma boa ideia. Além das questões logísticas a que dá origem, isso não mitiga por si só quaisquer riscos éticos; apenas os coloca no lugar certo, a menos que se saiba como pensar além do feedback dos stakeholders. Por exemplo, suponha que seus stakeholders sejam racistas. Suponha que as normas do local onde você implementará sua IA incentivem a discriminação de gênero. Suponha que seus stakeholders discordem uns dos outros porque, em parte, têm interesses conflitantes; afinal, não são um grupo monolítico com uma única perspectiva. A entrada deles é valiosa, envolvendo a tomada de decisão responsável. Mas não é possível derivar programaticamente uma decisão ética apenas a partir da entrada dos stakeholders. Concordar ou discordar (ou algo em torno disso) de alguma entrada de stakeholders, isso é uma decisão ética qualitativa.

Repito, ter equipes diversificadas e consultar stakeholders é importante e deve ser feito. Todavia, não é necessariamente a estratégia de identificação e mitigação de viés mais eficaz, segundo um artigo recente da Universidade de Columbia.[8] No contexto da discussão sobre mitigação de viés em IA, é mais importante que exista expertise no que diz respeito aos riscos éticos e jurídicos que surgem ao treinar e testar seu modelo.

O que Tem na Caixa?

Ninguém aprova uma IA discriminatória. É obviamente uma coisa ruim. As caixas pretas, por outro lado, são um pouco confusas, como veremos no próximo capítulo.

Resumo

▶ As quatro Lições de Estrutura de Conteúdo que se referem ao viés e podem orientar abordagens para a Estrutura que são adquiridas a partir da compreensão do Conteúdo são estas:

1. Deve haver um indivíduo, ou melhor, um conjunto de indivíduos com relevantes conhecimentos éticos, legais e de negócios que determine quais (se existentes) das métricas matemáticas de justiça são apropriadas para o caso de uso específico em questão.

2. Precisamos de um indivíduo ou, idealmente, um conjunto de indivíduos que tenha a experiência relevante para selecionar estratégias apropriadas de mitigação de viés. As tentativas de identificar e de mitigar possíveis vieses em modelos devem começar antes de treinar o modelo e, idealmente, antes de determinar a aparência e a origem dos conjuntos de dados de treinamento.

3. Deve-se incluir um advogado ao determinar as técnicas apropriadas de mitigação de viés.

▶ A saída enviesada ou discriminatória pode surgir de várias maneiras, incluindo:

  ▷ Discriminação no mundo real.
  ▷ Subamostragem.
  ▷ Viés de proxy.
  ▷ Modelos *coarse-grained*.
  ▷ Viés de benchmark.
  ▷ Viés de função objetivo.

▶ Essas fontes de viés sugerem várias estratégias de mitigação, incluindo obter mais dados, escolher melhores proxies, usar dados refinados e determinar uma função objetivo diferente. Outras estratégias incluem:

  ▷ Ajustar o peso das entradas.

  ▷ Ajustar limites para saídas.

  ▷ Determinar o que fazer diante da ausência de dados demográficos.

▶ As abordagens atuais, incluindo o uso de software que mede as saídas em relação a várias métricas quantitativas de justiça, são inadequadas. Seus problemas incluem:

  ▷ Métricas incompatíveis.

  ▷ Não abordar qual estratégia de mitigação de viés implementar.

  ▷ Abordar o viés tarde demais no processo de desenvolvimento.

  ▷ Não abranger todas as formas de viés.

  ▷ Ser potencialmente incompatíveis com legislação antidiscriminação vigente.

▶ É preciso trabalhar para que se tenha equipes de engenharia e de desenvolvimento de produto diversificadas (sem mencionar uma gama diversificada de líderes seniores de IA). Mas esta não deve ser a principal estratégia de identificação e de mitigação de viés, tanto por razões de eficácia quanto de rapidez.

3

Explicabilidade

O Espaço entre as Entradas e as Saídas

Você acabou de encontrar a casa dos seus sonhos, então vai ao banco tentar um financiamento imobiliário, fala com o gerente e preenche o formulário com as informações solicitadas: nome, data de nascimento, histórico profissional, e também entrega extratos de cartão de crédito, recibos de pagamento, detalhes sobre sua carteira de investimentos e assim por diante. O gerente pega a papelada e a coloca em uma máquina que lembra uma fotocopiadora, que rapidamente suga o papel, faz barulho e depois imprime uma página com uma palavra simples: *Não*.

"Sinto muito, mas seu pedido de financiamento imobiliário foi negado", informa o gerente.

Seu ânimo se transforma em tristeza e confusão, e você pergunta: "Por quê?"

"Porque a Máquina disse", responde o gerente. E prossegue, assim que você o pressiona por uma resposta mais completa: "Nós inserimos todos os dados que você nos deu. A Máquina os comparou com os dados dos outros clientes que foram aprovados e negados e se foram inadimplentes ou quitaram o empréstimo, e aparentemente seus dados se assemelham aos dos inadimplentes."

Agora a confusão se transforma em raiva: "Quero saber o que levou meu pedido a ser negado. Isso é ultrajante. Exijo uma explicação!"

Porém, apesar de toda a fúria, é um beco sem saída. Não é que o gerente esteja se recusando a explicar, nem que tenha se recusado a chamar alguém que possa fazê-lo. *Ninguém* pode. A Máquina é uma caixa preta: não é possível olhar dentro dela e ver como chega aos resultados.

Se esta lhe parece inaceitável, você não está sozinho, mas é, em grande parte, a forma como muitos algoritmos de AM operam. Muitas vezes, quem os cria não consegue explicar seus resultados. Mais e mais pessoas estão exigindo que as saídas de AM sejam *explicáveis*, recusando a caixa preta e exigindo uma caixa de vidro transparente.

O problema não está restrito a frustrar clientes, funcionários etc. Em alguns casos, a lei exige explicações fundamentadas, como ocorre com a aprovação ou a recusa de um financiamento a alguém. Deve-se esperar que este seja o caso com mais e mais decisões impulsionadas pela IA. Será útil, ou necessário, que haja uma explicação sobre a recusa de habitação, de uma entrevista, de liberdade condicional — se não para o alvo da decisão, para seus advogados, quando houver um processo em que o autor alega que sua IA os discriminou. E em outros casos, seus funcionários podem exigir saber por que não foram promovidos ou não indicados para um cargo que acabou de ficar disponível. Nesse caso, como em outros, se a falta de uma explicação é um risco ético, também é um risco reputacional, regulatório ou jurídico.

Debates-padrão de explicabilidade em IA são bastante limitados. Tal como acontece com o viés, a discussão centra-se em diferentes abordagens técnicas para que se espie dentro da caixa preta, o que, ao que parece, é bastante difícil e, em alguns casos, indiscutivelmente impossível. Mas, em vez de nos concentrarmos nessas abordagens técnicas e antes de começarmos a exigir que todas as declarações de ética de IA sejam "explicáveis" e "transparentes", forçando todos em todos os congressos a abominar a existência de caixas pretas, vamos dar um passo para trás para analisar o panorama em geral. Porque, como se verá, nem sempre é importante que as saídas de AM sejam explicáveis, e nem sempre é necessário que a explicação trate do que acontece entre as entradas e as saídas.

Explicações Detalhadas

Vamos falar sobre as esperanças frustradas de comprar sua casa dos sonhos. Muita coisa aconteceu.

1. Um tempo atrás, antes da automação, uma equipe do banco criou um aplicativo de financiamento imobiliário que solicitava várias informações sobre os candidatos e criava uma árvore de decisão simples para determinar se alguém deveria ser aprovado ou negado com base nessas informações.
2. Esse aplicativo foi atualizado de várias maneiras por diversas pessoas ao longo dos anos.
3. O banco rastreia quais solicitantes de crédito deixam de pagar seu financiamento imobiliário e quais pagam regularmente.
4. Depois de não muito tempo, o banco se encontra com dezenas de milhares de pedidos que foram negados ou concedidos, e sabe quais foram pagos ou não.
5. Alguém decide que seria uma boa ideia automatizar as decisões de empréstimo usando AM.
6. O banco decide usar todos os registros documentais de que dispõe. Também percebe que há outros dados que pode coletar e que considera relevantes para o aplicativo, por exemplo, de redes sociais (quais redes o cliente usa, com que frequência posta, em quais postagens comenta etc.).

7. A equipe escolhe um algoritmo de aprendizado (existem muitos disponíveis) que considera bom para essa tarefa.
8. O algoritmo é muito bom em processar grandes quantidades de dados e encontrar padrões em milhares de pontos de dados.
9. O AM gera, para cada candidato, uma probabilidade de inadimplência de financiamento imobiliário, entre 0 e 1. Por exemplo, uma chance de inadimplir de 0,3345 é ligeiramente acima de um terço, 0,0178 é pouco menos de 2% e assim por diante.
10. A equipe decide que o financiamento imobiliário deve ser negado a qualquer pessoa com probabilidade de inadimplência superior a 3,74%; esse valor é o *limite* de aprovação ou de recusa.
11. Um executivo aprova a implementação da IA.
12. Marvin, o gerente de empréstimos, diz que você foi recusado.
13. Seu advogado ultracombativo, ao ver o engenheiro principal transpirando em um depoimento, exige uma explicação sobre a recusa do financiamento.
14. Além disso, você é negro.

Como é possível afirmar, até mesmo com base nesta descrição truncada (poderíamos ter adicionado muito mais pontos de decisão sobre os quais nunca se pensa), a explicação para a recusa não existe. Ou melhor, a única GRANDE explicação consiste em uma porção de eventos para os quais há explicações menores: por que os critérios originais dos pedidos de crédito eram daquele jeito? Por que foram se atualizando ao longo dos anos e quais questões — problemas? Oportunidades? — surgiram e justificaram essas atualizações? Por que os engenheiros e cientistas de dados acham que os dados das redes sociais podem ser relevantes? Por que não acharam que outros seriam relevantes, por exemplo, a escola primária que o cliente frequentou? Por que escolheram tal algoritmo de aprendizagem? Por que o modelo tratou as entradas dessa forma? Por que um limite de 3,74%? Por que não 3,76%, ou 12,8%? Com que base o executivo aprovou a implementação da IA? As respostas a cada uma dessas perguntas (e mais) compreendem a GRANDE explicação da recusa.

Com todas as respostas a essas perguntas e muito mais, agora temos mais duas:

1. O que as pessoas querem quando pedem explicações sobre os resultados do AM?
2. De todas essas explicações, quais são as mais importantes?

Interrogando a Caixa Preta

A maioria das explicações sobre a recusa de um financiamento imobiliário exige que entendamos o fundamento das decisões das pessoas. Vamos chamá-lo de *explicações de pessoas*.

Sabemos como são explicações de pessoas: "Decidimos automatizá-lo porque estávamos recebendo mais pedidos do que conseguíamos dar conta. Achamos que os dados das mídias sociais poderiam ser relevantes porque poderiam revelar padrões de comportamento que são preditivos do pagamento do empréstimo. Definimos 3,74% como limite por causa da forma como os resultados foram agrupados, combinados com o conhecimento sobre o apetite de risco da nossa empresa." No entanto, podemos pressionar mais e pedir ainda mais explicações: "Por que simplesmente não limitar o número de pedidos? Por que não contratar mais pessoas para lidar com esse fluxo? Por que apostar na relevância dos dados das redes sociais?" E assim por diante.

As explicações de máquina, por outro lado, são um pouco estranhas. Como anteriormente tratamos no item 8, o que se pede é uma explicação de como o modelo chegou às suas saídas dadas as entradas. Na verdade, há duas perguntas que devemos ter em mente.

▶ Quais são as regras que transformam entradas em saídas?
  ▷ Você tem um monte de dados como entrada. Seu modelo de AM pega todos esses dados, observa vários padrões e fornece uma saída. Por exemplo, o AM é treinado para identificar seu cão, Pepe, em uma foto, tendo sido treinado com mil fotos dele. O AM aprendeu a fisionomia de seu cachorro analisando cada foto a nível de pixel; o sombreamento do pixel #373 e sua localização em relação a esse pixel e a outro (e milhares de outros). Às vezes, determina um conjunto de relações com certos pixels (por exemplo, quando está sentado) e, às vezes, com outros (por exemplo, quando está parado). Em outras palavras, o AM aprende "regras" que são grosseiramente caracterizadas como "quando os pixels são desse jeito, é Pepe, e quando não são, não é Pepe". Essas explicações de máquina são chamadas de *explicações globais*.

▶ Por que o AM gerou essa saída específica, dadas essas entradas específicas?
  ▷ Por que *você*, com seu perfil específico de dados, teve o financiamento imobiliário recusado? Foi a frequência de mudança de emprego? A acusação de direção perigosa há cinco anos? O fato de ter muitos cartões de crédito? Aquela enxurrada de comentários no perfil daquele cara? As explicações de máquina que respondem a perguntas desse tipo são chamadas de *explicações locais*.

O AM trabalha reconhecendo padrões complexos. Tão complexos, na verdade, que desafiam a compreensão humana. Tente quebrar a cabeça para calcular a quantidade de pixels em uma imagem e as várias relações matemáticas que podem estar em outros pixels, de modo que entenda como são estabelecidas as regras de rotulagem das fotos "Pepe" ou "Não Pepe", ou como uma foto específica de entrada levou o AM a emitir "Este é Pepe" como saída; simplesmente impossível.

É nisso que as explicações de máquina diferem das explicações de pessoas. As explicações que damos sobre decisões de pessoas estão em uma linguagem que somos capazes de entender. É possível assimilar as relações que essas explicações articulam; compreender, por exemplo, como o influxo de pedidos de crédito levaria alguém a considerar uma série de soluções para esse problema, incluindo a automação. Com as explicações de máquina, é muito complexo; tanto a quantidade de variáveis em jogo quanto a quantidade de relações entre essas variáveis confundem nossas limitadas mentes humanas, mesmo que, geralmente, compreendamos a linguagem matemática que expressa toda essa complexidade.

Agora sabemos o que se quer quando se pede a IA explicável: explicações de pessoas, explicações de máquina ou ambos. E quando pedem explicações de máquina, estão pedindo explicações globais, locais ou ambas.

Podemos pensar que temos todas as explicações o tempo todo. Mas as explicações de máquina não vêm de graça, e há outras coisas nas quais se pode investir recursos. Mais importante ainda, alcançar o objetivo de um modelo explicável muitas vezes vem ao custo da diminuição da precisão. Isso porque, simplificando um pouco, os mesmos recursos que aumentam a precisão também diminuem nossa capacidade de compreensão: a complexidade dos padrões que o AM reconhece. Em condições normais, quanto mais dados se têm, mais padrões (intrincados) seu AM pode reconhecer e, portanto, mais preciso será. Em outras palavras, quanto mais exemplos, melhor. Mas quanto mais dados e mais padrões (intrincados) seu AM encontrar, menor a probabilidade de entender o que está acontecendo. Aumentar a explicabilidade tende a diminuir a precisão, e vice-versa.[1]

Isso nos aponta para outra Estrutura da Lição de Conteúdo.

Estrutura da Lição de Conteúdo nº. 5: Precisa-se das pessoas certas para determinar se as explicações de pessoas, as explicações de máquina globais ou locais, ou todas as anteriores, são importantes para um determinado caso de uso.

O que deve orientar as deliberações dessas pessoas — como devem determinar quais explicações importam e quando — dependerá da importância das explicações.

A Importância da Explicação

Você é casado. Até onde sabe, as coisas estão indo razoavelmente bem. Não há brigas, vocês têm momentos felizes juntos, a intimidade vai bem, e assim por diante. Um dia, você acorda e encontra seu cônjuge fazendo as malas.

"Onde você está indo?", você pergunta.

"Estou terminando com você. E vou levar o Pepe comigo."

"Por quê?", você reclama.

"Nada, não", ela responde. E sai porta afora, com o cachorro a tiracolo.

Como esperado, você fica furioso. Afinal, acabou de se mudar para a casa dos seus sonhos depois de ganhar a causa contra o banco que lhe negou um financiamento imobiliário. Agora o espaçoso interior do imóvel zomba do vazio em seu coração.

Uma coisa que vai revirar sua cabeça incessantemente às 3h da manhã na sua cama California king é "Por quê? Por que ela me largou?" E você vai querer uma resposta a essa pergunta por pelo menos três razões.

Primeiro, é desrespeitoso não dar explicação. Você não é um objeto inanimado para ser jogado de lado. É uma pessoa de valor e, como tal, merece uma explicação como expressão do reconhecimento desse valor. Ir embora e não explicar nada é, além de doloroso, uma ofensa.

Segundo, se você soubesse a explicação, talvez pudesse ter feito algo a respeito. Foi porque não estava "presente"? Se for, você aceita manter o celular desligado em casa, isso deve ajudar. Foi porque não tem sido romântico o suficiente? Se foi isso, você pode até procurar um coach de romantismo — isso existe? Dê um Google. Ou será que foi porque ficou com as contas apertadas depois de conseguir um financiamento imobiliário que mal consegue pagar? Porque é possível vender a casa ou, dane-se, não pague o financiamento, o banco é uma porcaria mesmo, vamos provar que Marvin estava certo e nos mudarmos para a Costa Rica juntos.

Terceiro, você quer saber as regras gerais de morar juntos e refletir se valem para você. Quais são as suas expectativas? Se você resolver uma coisa hoje, aparecerá outra amanhã? "Quais são as regras? Foi porque chamei mamãe para morar conosco? Se o problema foi esse, é muito injusto, eu vou deixá-la na rua? Ou talvez não tenha sido isso... Pode ter sido aquele papo de 'vir de lugares diferentes'. Será que isso era uma forma sutil de dizer 'você é negro e eu sou branca?'"

Cada uma dessas questões pode virar uma saída de AM. Se criarmos um AM que determina se você recebe um empréstimo ou uma entrevista, vê um anúncio de emprego, se combina com determinada pessoa no site de namoro e assim por diante, provavelmente dar uma explicação será bom, porque isso demonstra consideração, porque ajuda a entender o que se pode fazer para mudar a saída e porque é importante saber se as regras estabelecidas para o jogo em que você se encontra são justas. Negaram o empréstimo porque você é negro?

Essas três razões para a importância da explicabilidade, no entanto, não nos orientam tão bem. Lembre-se: saídas de AM explicáveis têm um preço. Precisamos equilibrar sua importância com outras considerações, como precisão e quais recursos temos ou não dedicamos à explicabilidade. Em certos casos, pode-se pensar que as explicações de máquina são desnecessárias, em outros, que são boas, mas não necessárias, e, em outros, que são essenciais.

Como em todas decisões desse tipo, não há uma árvore decisória simples que determine a importância da explicabilidade em cada caso de uso. No entanto, se munidos com a compreensão de sua importância, podemos vislumbrar como essas deliberações são. A seguir, temos uma lista não completa de quando a explicabilidade de máquina importa ou não. Como se verá, essas não são regras rígidas, mas práticas.

Quando a Explicabilidade de Máquina *Não Importa*

Quando seu modelo não lida diretamente com decisões sobre o tratamento dispensado a alguém

Vejamos um caso em que você está usando AM para prever as datas de entrega de remessas de parafusos para sua fábrica de brinquedos. Nesse caso, provavelmente não haverá uma tonelada de riscos éticos em jogo. Suas predições são sobre prazos de entrega, não sobre pessoas, e embora essas predições possam fazer com que você indiretamente trate algumas pessoas mal (dependendo de quem se culpa quando há um atraso), na essência, não há nada eticamente arriscado em fazer predições sobre sua cadeia de suprimentos. Como o que realmente importa é a precisão, pode-se decidir que a explicabilidade de máquina não precisa ser priorizada, e sua importância pode se dar por razões não éticas; por exemplo, modelos explicáveis são mais fáceis de depurar.

Quando o uso de uma caixa preta com consentimento prévio se justifica pelas explicações de pessoas

Fazer predições do mercado de ações é eticamente arriscado porque elas podem levar investidores e consultores financeiros a recomendar investimentos que acabam levando as pessoas à falência. Ainda assim, a seguinte reflexão é possível: "A precisão é de extrema importância, e, se tornássemos nosso modelo explicável, teríamos que diminuir tanto a precisão que não valeria mais a pena. Além disso, podemos ser transparentes com nossos conselhos sobre todas as explicações de pessoas e que não temos explicações de máquina, e então podem determinar se estão dispostos a assumir o risco. Se nos derem seu consentimento informado para usar a caixa preta, nosso tratamento para com eles é respeitoso, e os resultados, bons ou ruins, serão responsabilidade deles.

Além disso, considere um AM de diagnóstico de câncer que tenha 99,9% de precisão. Ele desempenha papel crucial para os médicos que salvam dezenas ou mesmo centenas de milhares de vidas todos os anos em comparação com o melhor modelo explicável (ou técnicas de diagnóstico de câncer sem AM). Somos eticamente obrigados a fornecer explicações de máquina além das explicações de pessoas? Você prefere a caixa preta de AM com precisão incrível ou a caixa de vidro de AM com menos precisão para determinar seu câncer? Plausivelmente, se os médicos fornecerem às pessoas explicações e garantirem seu consentimento informado sobre o uso da caixa preta, usá-la é eticamente permitido.

Uma lição a tirar disso é que pode ser razoável confiar em um modelo de caixa preta com a condição de que tenha um bom desempenho em relação a benchmarks robustos e relevantes. Em determinados contextos, é possível achar até mesmo alguns modelos de caixa preta mais confiáveis do que os humanos. No entanto, temos de ser muito cuidadosos. Embora existam alguns casos em que as explicações de pessoas combinadas com o consentimento informado justificam a implantação da caixa preta, há alguns casos em que isso *não* é suficiente. Por exemplo, mesmo que sua caixa preta de AM tenha muita precisão em predizer a probabilidade de reincidência, o Estado pode, no entanto, ter um interesse justificado em barrar o uso dessa caixa preta, mesmo que os cidadãos deem consentimento para serem julgados por ela, em vez de por um ser humano. Isso porque o Estado tem interesse em garantir a justiça processual — assegurando que os processos pelos quais as pessoas são condenadas ou absolvidas têm fiança arbitrada ou não e assim por diante, sejam procedimentos justos —, e a incapacidade de saber como as entradas são transformadas em saídas pode ser censurável precisamente porque não são capazes de serem julgadas como processualmente (in)justas.

Quando a Explicabilidade de Máquina *Importa*
Quando expressar respeito é eticamente necessário

No ramo de assistência médica, exige-se respeito às pessoas, e isso se manifesta na prática, em parte, assegurando que o consentimento informado seja garantido antes da realização de um procedimento. Em outros casos, expressar respeito pelas pessoas é algo grandioso, mas não eticamente necessário. Ir até um palestrante depois da apresentação e dizer que o respeita e que respeita seu trabalho expressa isso, mas, com certeza, não é algo eticamente necessário; ninguém o culpará por não fazê-lo, mas culparão caso você remova o baço de alguém sem consentimento informado.

Certamente há casos em que o respeito exige que forneçamos explicações para as saídas de máquina. Quando a Máquina cospe um "Não" depois de "revisar" seu pedido de financiamento imobiliário, sentir-se ofendido é normal. O mesmo acontece se lhe for negada liberdade condicional ou um aumento. Há certas decisões em que pensamos que nos é *devida* uma explicação, principalmente aquelas em que sofremos algum tipo de dano. Uma pergunta central a ser feita é: "As saídas de AM, ou as decisões tomadas à luz dessas saídas, podem enganar pessoas ou privá-las de uma oportunidade ou benefício importante (por exemplo, uma entrevista de emprego)?" Se a resposta for sim, isso é um bom indicador de que uma explicação será necessária.

Quando as pessoas precisam saber como obter melhores resultados

As explicações de máquina são importantes não apenas para expressar respeito, mas também porque podem ser utilizadas de várias maneiras. Repito, se as saídas ou as decisões tomadas podem enganar pessoas ou privá-las de uma oportunidade, então pode ser importante explicar por que receberam certo veredito. Assim, elas podem tentar mudar algo para conseguir um resultado diferente na próxima vez, por exemplo, priorizando o pagamento de seus empréstimos em detrimento de multas de estacionamento em atraso, porque o primeiro é relevante para a aprovação de crédito.

Quando as pessoas precisam saber como agir e tomar uma decisão

Suponha que seu departamento antifraudes use IA para detectar delitos e leve os casos mais graves para as pessoas que darão a palavra final sobre a hora de sinalizar um problema. Essas pessoas provavelmente terão que saber por que a IA está alertando determinado caso para que possam realizar seu trabalho com eficiência.

Quando as saídas são estranhas

As predições que o AM faz são totalmente imprevisíveis para meros mortais.

Por exemplo, suponha que o AM de diagnóstico de câncer com precisão insana gere predições que não sejam coerentes com as de nossos melhores oncologistas. O AM determinou que você tem 93% de chance de ter câncer, mas seus médicos de renome mundial simplesmente não encontraram evidências disso. Temos as explicações de pessoas, não temos a de máquina, sabemos da qualidade boa dos testes de AM, mas essa predição é muito estranha.

Existem duas opções: evitar as predições de AM em favor da experiência humana ou ceder ao AM. Por um lado, especialistas são especialistas por uma razão: têm muito conhecimento, experiência e habilidade e, portanto, ganharam nossa confiança, especialmente em casos de consenso. Além disso, às vezes o AM reconhece correlações totalmente coincidentes, portanto não preditivas, entre variáveis. O AM, então, usa erroneamente essas variáveis na predição de novos casos. Assim, repito, os especialistas não sabem tudo, e sempre há a possibilidade de que o modelo esteja reconhecendo um padrão preditivo que os humanos simplesmente não captaram ou não são capazes de captar.[2] Talvez se pudermos explicar *por que* o AM está predizendo seu câncer, poderíamos avaliá-lo melhor.

Infelizmente, nem isso é tão simples. Imagine que o diagnóstico de câncer por AM observou uma correlação entre a diminuição da frequência de postagens nas mídias sociais e o câncer. Isso é estranho, mas pode ser explicado de alguma forma. O câncer tem um impacto deletério generalizado no sistema, o que afeta os níveis de energia e, portanto, a frequência com que você publica. Então, a "diminuição da postagem nas mídias sociais" seria uma variável preditiva captada pelas máquinas e que nunca conseguiríamos detectar? Ou é apenas um absurdo total e devemos considerar que este AM é falho?

Os cientistas de dados geralmente respondem insistindo que precisamos de AM que capte padrões causais, não simplesmente correlações entre variáveis, mas essa resposta não é um ponto de partida muito bom. A razão é que as relações causais podem ser fenomenalmente complexas, tão complexas que o número de elos em uma cadeia é grande demais para nós, meros mortais, entendermos. A história que contei sobre câncer e níveis de energia é, afinal, uma história causal, porém, é verdadeira? O fato de ser uma história causal e não uma história de correlação não é útil para determinar a resposta a essa pergunta.

O que as pessoas fazem com as saídas tem papel importante na necessidade de explicação e em sua articulação. Dito isso, as explicações podem nem sempre ser tão esclarecedoras quanto se gostaria; pode não se saber como reagir ao padrão que o AM alega ser preditivo. Nesses casos, podemos ter que priorizar as explicações de pessoas e o consentimento informado em relação à tomada de riscos no uso das saídas da máquina na tomada de decisões humanas.

Quando é preciso fundamentar certo tratamento

Vamos voltar para Marvin recusando o empréstimo. Às vezes, as explicações mostram que uma pessoa, equipe ou organização como um todo tinha motivos para tomar a decisão que tomou: "Houve um enorme influxo de aplicativos, não podíamos contratar mais pessoas e não tínhamos tempo para integrar aquelas que podíamos, nosso modelo de negócios e ideias de justiça exigem que não enxotemos quem está à porta" e coisas assim. Em outros momentos, as explicações mostram que as decisões não tinham fundamento. Se o executivo que decidiu implementar a IA dissesse: "Bem, eu não tinha certeza de que deveria aprovar o modelo para implementação, porque esse material técnico está além da minha compreensão, mas pensei: 'Que se dane, esses caras são inteligentes, pau na máquina'", então me parece que o executivo não tinha um bom fundamento para essa decisão. Na verdade, foi totalmente imprudente.

As explicações são profundamente importantes quando queremos avaliar se um determinado tratamento é fundamentado, seja do ponto de vista ético, regulatório ou jurídico. Quando se trata de explicações de máquina, precisamos fazer duas perguntas pertinentes sobre seus dois tipos.

1. Com relação às explicações globais: as regras de AM — que transformam entradas em saídas — são justificáveis?

   ▷ Suponha que o AM aprenda, com o auxílio de dados de redes sociais, que, historicamente, pessoas inadimplentes em seus empréstimos têm correlação com quem tem pais inadimplentes em empréstimos e, portanto, use "tem pais inadimplentes em empréstimos" como parte dos cálculos para determinar a probabilidade de você não pagar. O fato de os pais serem inadimplentes deve pesar na aprovação de crédito? Suponhamos que seja uma correlação alta, mas isso parece extremamente injusto. Na verdade, parece ser uma ótima maneira de garantir e reforçar a pobreza intergeracional e, consequentemente, o racismo estrutural.

2. Com relação às explicações locais: essa saída específica sobre certa pessoa tem fundamento?

   ▷ Vamos supor por um momento, apenas a título de argumentação, que usar o histórico de empréstimos dos pais seja justificável para determinar a aprovação de um empréstimo. No caso, descobriu-se que os dados das redes sociais eram enganosos: devido a várias pessoas com seu sobrenome, acabaram confundindo seus pais, *bons pagadores,* com pais inadimplentes. Como resultado, você foi julgado injustamente por causa de dados imprecisos.

Também é difícil responder se as explicações globais e locais são bons *fundamentos*. E, o que é crucial, embora existam ferramentas técnicas que ajudam a explicar como uma variável específica desempenhou um papel na saída, não há ferramentas técnicas para avaliar a fundamentabilidade das regras. Saber se algum conjunto de regras é fundamentado não é uma questão para os cientistas de dados, mas para especialistas em ética, agentes reguladores, advogados e, em última análise, qualquer um que se preocupe em saber se pode aceitar as regras do jogo para o qual foi chamado ou mesmo compelido a jogar. Isso nos leva a outra Estrutura da Lição de Conteúdo.

Estrutura da Lição de Conteúdo nº 6: Nos casos em que é importante ter explicações globais — aquelas que articulam as regras do jogo para como as entradas são transformadas em saídas —, deve-se ter pessoas com experiência ética e jurídica envolvidas na avaliação da justiça das regras.

O que Torna uma Explicação Boa?

Você determinou que, para algum caso de uso específico, é necessária uma explicação de máquina. Contudo, o trabalho ainda não acabou. Para todos esses casos em que as explicações de máquina são importantes, terá que decidir que tipo de explicação é necessária e como comunicá-la. Dito de outra forma, o que constitui uma *boa* explicação (de máquina)?

Boas explicações são aquelas que falam de uma ou mais características que tornam as explicações importantes. Uma boa explicação demonstrará respeito, permitirá que o usuário da IA ou as pessoas afetadas por ela tomem decisões embasadas, possibilitando que avaliem se as regras da decisão são justas, boas, razoáveis ou corretas. Você também precisará considerar os três critérios a seguir para uma boa explicação: verdade, facilidade de uso e inteligibilidade.

Verdade

Um critério óbvio é que a explicação tem que ser verdadeira ou, pelo menos, *suficientemente* verdadeira. Algumas ferramentas técnicas fornecem explicações para o que está acontecendo dentro da caixa preta, mas são meras *aproximações*. Em alguns casos, tudo bem; por exemplo, se estamos usando essas ferramentas para depurar o modelo, e essas aproximações nos dão o suficiente para uma depuração bem-sucedida. Em outros casos, especialmente os de alto risco (por exemplo, no sistema de justiça criminal), é preciso mais do que uma aproximação.

Outras perguntas são mais críticas. Quantas declarações verdadeiras são necessárias? Quais afirmações verdadeiras podem ser excluídas de forma fundamental? A explicação demanda que nível de precisão? Responder a essas perguntas requer uma avaliação qualitativa. Se algo é justificadamente omitido da explicação, é preciso saber se essa informação é boa ou essencial para expressar respeito e possibilitar que o usuário final tome decisões melhores ou avalie se as regras são justas.

Facilidade, eficiência e eficácia de uso

Veja o exemplo do funcionário que está analisando o caso sinalizado pelo AM como uma possível fraude. Essa pessoa precisa de uma explicação para que possa determinar se esse alerta é verdadeiro ou um falso positivo; saber onde deve começar a procurar. Como a explicação precisa ser *útil*, é necessário pensar em sua "profundidade". Se for muito profunda, não somente a precisão diminui, mas o destinatário dessa explicação, que não tem tempo para ler um documento de vinte páginas sobre cada caso potencial de detecção de fraude, acabará confuso. Se a explicação for superficial demais, a precisão cai ligeiramente e o usuário não se beneficia dela. O que conta como uma explicação útil e, portanto, boa? É preciso trabalhar com os usuários finais para entender qual e de quanta informação precisam; o que eles fazem é o que determina a qualidade da explicação.

Eu vi isso de perto quando trabalhei com um cliente que estava desenvolvendo um software de IA para ajudar os gerentes de RH a monitorar os e-mails dos funcionários em busca de conteúdo inadequado. Os riscos éticos são abundantes, na medida em que há preocupações em torno de violações de privacidade, de vigilância e de viés de preconceito, mas também houve um problema em relação à explicabilidade da saída de sua IA. Fui contratado para identificar os riscos éticos do produto e trabalhei com os engenheiros, cientistas de dados e desenvolvedores de produtos para fazer alterações no produto e recomendações sobre como (não) implementá-lo.

A IA era, em essência, uma ferramenta de análise de sentimentos. "Lia" e-mails e pontuava as dezenas de emoções ou de atitudes que manifestavam, incluindo respeito, generosidade, simpatia, agressividade e assim por diante. No que diz respeito à explicabilidade, havia duas questões. De que tipo de explicações os executivos que aprovam a compra deste software precisam? Em geral, precisam saber que as regras do jogo são justas e precisas — ou seja, de explicações globais. Os gerentes de RH que usariam o software, por outro lado, precisam de explicações locais, saber por que, *exatamente*, determinado e-mail foi sinalizado.

Na realidade, isso é parcialmente verdade. Os executivos precisam de explicações sobre as regras do jogo para garantir justiça e eficácia. Os gerentes de RH podem não precisar saber por que o e-mail foi sinalizado. Afinal, é responsabilidade deles ler, entender o contexto e fazer um julgamento quanto ao curso de ação apropriado.

Minha recomendação (pelo menos no que dizia respeito à explicabilidade; havia outras questões com as quais lidamos em relação à privacidade e ao preconceito) foi dupla:

1. Entrevistar os usuários-alvo do software, ou seja, os gerentes de RH, para determinar quais tipos de explicações precisam e por quê.
2. Assegurar que, no processo de integração, esses gerentes de RH sejam informados sobre as melhores práticas éticas para o uso do software, incluindo a responsabilidade de entender o contexto em que esse e-mail foi enviado e não simplesmente recompensar ou disciplinar a equipe com base nos resultados da IA.

Inteligibilidade

Depois de saber o tipo necessário de explicação — se envolve as regras do jogo ou o motivo de um conjunto específico de entradas levar a uma saída específica — e a importância do recebimento dessa explicação pelo destinatário, também será preciso pensar em como articulá-la. Se eu lhe devo uma explicação sobre tê-lo maltratado, e lhe dou essa explicação em grego antigo (o que, suponhamos, você não compreende), então, apesar de ter explicado, em um certo sentido, não expliquei *a você*. Afinal, o objetivo de explicar algo para alguém é, por padrão, fazer com que entendam o que está sendo explicado. Ou seja, o tipo de explicação de máquina oferecido deve ser adaptado ao público-alvo. Os cientistas de dados falam a linguagem de fórmulas matemáticas que leigos e agentes reguladores geralmente não entendem, e as ferramentas de explicabilidade existentes que usam ameaçam tornar as explicações que geram irrelevantes para os interlocutores. Novamente, um dos critérios para uma boa explicação varia de acordo com o contexto: o que seu público é capaz de entender.

A necessidade de dar explicações verdadeiras que sejam fáceis de usar e naturalmente inteligíveis para o seu público nos dá outra Estrutura da Lição de Conteúdo.

Estrutura da Lição de Conteúdo nº 7: Consulte os usuários finais do software de IA que você está desenvolvendo para determinar se uma explicação é necessária e, em caso afirmativo, sua qualidade de acordo com a base de conhecimento, habilidades e propósitos desses usuários.

De Onde Vêm Todas Essas Saídas, Afinal?

Falamos sobre resultados discriminatórios e sobre a nebulosidade do que acontece antes dessas saídas. Agora é hora de falar sobre contribuições potencialmente ilícitas e, de forma mais geral, como podemos evitar violar a privacidade das pessoas no treinamento de IA e escolher que tipo de IAs criar.

Resumo

- As três Lições de Estrutura de Conteúdo que se relacionam com a explicabilidade e podem orientar abordagens à Estrutura que são adquiridas a partir da compreensão do Conteúdo:
    1. Precisa-se das pessoas certas para determinar se as explicações de pessoas, as explicações de máquina globais, locais, ou todas as anteriores são importantes para um determinado caso de uso.
    2. Nos casos em que as explicações globais são importantes — aquelas que articulam as regras do jogo em que entradas são transformadas em saídas —, é preciso ter pessoas com experiência ética e jurídica para a avaliação da justiça das regras.
    3. Consulte os usuários finais do software de IA que você está desenvolvendo para determinar se uma explicação é necessária e, em caso afirmativo, a qualidade dela, a partir da base de conhecimento, habilidades e propósitos desses usuários.

- Explicações para saídas de AM e como essas saídas afetam pessoas a partir do que elas fazem com essas saídas envolvem dois tipos de explicações:
    - As explicações de pessoas tratam das decisões que as pessoas tomam no desenvolvimento e na implementação do modelo, da ação que realizam com as saídas e assim por diante.
    - As explicações de máquina tratam do que acontece entre as entradas e as saídas. Explicações globais, um tipo de

explicação de máquina, tratam das regras que regem o sistema; como trata as entradas gerando determinadas saídas. Outro tipo de explicação de máquina, as explicações locais, compreendem como um determinado conjunto de entradas leva a uma saída específica.

- A explicabilidade de máquina geralmente tem um custo, por exemplo, precisão reduzida e um aumento nos recursos dedicados a tornar o modelo de AM explicável.
- As explicações, incluindo as de máquina, são eticamente importantes por pelo menos três razões (nos casos em que é importante):
  - Expressam respeito pelo interlocutor da explicação.
  - Permitem que o alvo da explicação mude seu comportamento ou tome várias decisões para que possa ter certo controle sobre a decisão endereçada a eles no futuro.
  - Permitem que as pessoas avaliem se as regras do modelo que regem a transformação de entradas em saídas são fundamentadas a partir de perspectivas éticas, reputacionais, regulatórias e jurídicas.
- As organizações precisam determinar, para cada caso de uso específico, se a explicabilidade é importante e, em caso afirmativo, sua importância em relação a outros objetivos, por exemplo, precisão. As regras gerais incluem:
  - A explicabilidade de máquina não é necessária quando:
    - Seu modelo não lida diretamente com decisões sobre como alguém deve ser tratado.
    - As explicações de pessoas sobre o motivo de usar uma caixa preta e o consentimento informado tornam o uso eticamente permitido.

- A explicabilidade de máquina é necessária quando:
  - Expressar respeito é eticamente necessário.
  - As pessoas precisam saber como obter melhores resultados.
  - *As pessoas precisam saber como agir e tomar uma decisão.*
  - As saídas são muito estranhas.
  - *É preciso fundamentar o tratamento (de uma perspectiva ética, regulatória ou jurídica).*

▶ Os critérios para boas explicações incluem:
  - Verdadeiro (ou suficientemente verdadeiro, para o caso em questão).
  - Uso fácil, eficiente e eficaz.
  - Inteligível para o público-alvo.

▶ Falar sobre explicações imediatamente suscita perguntas sobre o fundamento de decisões, de ações, de processos e assim por diante. As organizações precisam determinar quem são as pessoas certas para fazer essas avaliações, tendo em mente que os cientistas e os engenheiros de dados simplesmente não são especialistas em tais temas.

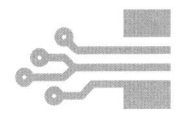

4

Privacidade
Subindo os Cinco Níveis Éticos

Imagine que sua empresa se mudou para um prédio comercial com protocolos contra a Covid-19. Tem uma estrutura interna circular e os escritórios ficam na margem do círculo. A parede do seu escritório é de vidro e está voltada para uma estrutura opaca no centro do círculo, que vai do térreo até o topo do prédio. Dentro dessa estrutura há pelo menos um supervisor, observando o comportamento das pessoas através da parede de vidro. Dado o design do edifício, não é possível ver quem o observa, ou mesmo se alguém o está observando, embora esses observadores possam vê-lo.

O(s) supervisor(es) têm três atribuições e um objetivo geral.

A primeira atribuição é aprender várias coisas sobre você a partir da observação. Quando almoça, o que come, com quem interage e assim por diante.

A atribuição dois é, partindo dessa informação, extrapolar certos fatos sobre você, por exemplo, se pensa em se demitir em breve, qual a probabilidade de engravidar no próximo ano, se pode estar interessado nas novas ofertas da cafeteria etc.

A atribuição três é usar essas informações para criar novas ferramentas que possibilitarão coletar ainda mais informações sobre você que, por sua vez, alimentarão novas previsões e descobertas, e assim por diante, ad infinitum.

Finalmente, o objetivo geral é usar todas essas informações e ferramentas para tomar várias decisões e fornecer recomendações relacionadas a você: se receberá aumento, promoção ou bônus, o que oferecerão no refeitório, quantos e-mails de lembrete enviarão sobre começar a ir para a academia do escritório, se foi excessivamente agressivo em uma conversa com colegas, se está precisando dos serviços de um psicólogo, e por aí vai.

Provavelmente isso causa desconforto. Você acha que é uma violação da sua privacidade, que os supervisores não levam seus interesses em consideração (talvez todas as recomendações deles sejam baseadas no que o tornará mais produtivo e em como extrair o máximo valor de você, independentemente de sua saúde ou bem-estar), e que tudo isso afeta sua autonomia — sua capacidade de viver a vida livremente, sem a influência indevida de terceiros.

Como já percebeu, são exatamente as preocupações que surgem no contexto da privacidade e do aprendizado de máquina.

No núcleo do AM, estão os dados, e quanto mais, melhor, para quem treina os modelos. Ou seja, as empresas que querem lucrar a partir de você são *altamente* incentivadas a coletar o máximo de dados possível sobre sua pessoa e sobre seu comportamento. Na verdade, coletarão os dados das pessoas sem saber exatamente para que os usarão, nem se farão isso. Coletam *só para garantir* que possam extrair algum valor deles em algum momento, e esse valor nem precisa vir diretamente da forma de utilização; pode ser gerado a partir da venda dos dados para outro, que pensa precisar deles.

O fato de não saber quais dados são coletados sobre você e quem tem acesso a eles já é problemático. Em alguns casos, isso constituirá violação de privacidade, como acontece quando partes que não têm permissão para acessar suas informações (seu ex-cônjuge, por exemplo) passam a saber sua localização, histórico financeiro ou médico.

Todos esses dados são usados para treinar modelos de AM que fazem predições sobre você, e essas predições influenciam o tratamento que essas organizações lhe dispensam. Talvez seus dados de redes sociais sejam usados para treinar modelos que determinam se seu financiamento imobiliário será aprovado, quais artigos de notícias aparecem no topo de sua caixa de pesquisa, qual vídeo do YouTube é recomendado a seguir, quais anúncios de emprego, moradia e restaurante serão exibidos e assim por diante. Como sua vida consiste em escolher opções de um menu, e a maior parte desse menu está online, você estará escolhendo as opções selecionadas pelo agregado de todas as empresas que coletam e que vendem seus dados, ao mesmo tempo que os usam para treinar a IA delas, visando fazer predições cada vez mais precisas sobre seus cliques, compartilhamentos e compras.

Às vezes, usar AM e outras ferramentas para predizer como aumentar a permanência e os cliques de uma pessoa em um site é chamado de "economia da atenção". E quanto mais essas empresas puderam controlar a quantidade de atenção que recebem de você, mais eficientes elas ficam. E, às vezes, a coleta de dados no desenvolvimento de IA é chamada de "economia de vigilância". Quanto mais sabem sobre você, melhor podem influenciá-lo. Na verdade, ambas as economias fazem parte do mesmo mercado. As empresas monitoram, em parte, para que possam descobrir como chamar sua atenção e direcioná-lo a fazer coisas que impulsionarão os resultados deles.

Por fim, todos esses dados e o AM são usados para criar produtos específicos que ameaçam invadir a privacidade das pessoas. A prioridade da maioria dessas empresas é o software de reconhecimento facial, capaz de captar seu rosto em uma multidão e identificá-lo. A startup Clearview AI coletou mais de 3 bilhões de imagens de pessoas do Facebook, do YouTube, da Venmo e de milhões de outros sites. Quem tem acesso ao software pode tirar uma foto de alguém em público, enviar para o aplicativo, que retornará todas as fotos disponíveis publicamente dessa pessoa online, com os links para encontrar essas fotos, incluindo sites que podem disponibilizar seu nome, seu endereço e outras informações pessoais.

Nos últimos anos, essas questões de privacidade ganharam muita notoriedade. Cidadãos, consumidores, funcionários e governos estão atentos. Inúmeras matérias jornalísticas e postagens em redes sociais detalham as várias maneiras pelas quais as corporações atropelam interesses e direitos de privacidade. Vários diplomas legais foram aprovados para proteger os dados das pessoas — mais notavelmente, o General Data Protection Regulation (GDPR) na UE e a California Consumer Privacy Act (CCPA)* nos Estados Unidos —, e outras normas estão sendo elaboradas, como recomendações recentes aos Estados-membros da UE sobre regulamentos de IA ou de AM.

Algumas empresas lidaram com o problema, só que mal. A reputação do Facebook não foi abalada apenas pela saga Cambridge Analytica — saga que seria ameaça à existência da maioria das empresas que não são gigantes financeiros, como a Meta —, como também pelos eventos subsequentes que continuamente mancham a imagem da empresa. Outras organizações se saíram melhor. A Apple, por exemplo, transformou seu posicionamento sobre privacidade em um elemento importante da marca.

Minha experiência me fez ver que a maioria das empresas lida mal com esse problema em virtude do *mal-entendido* sobre o que é a privacidade.

---

* Regulamento Geral de Proteção de Dados e Lei de Privacidade do Consumidor da Califórnia. No Brasil, temos a Lei Geral de Proteção de Dados (LGPD). [N. da T.]

Desambiguando "Privacidade"

Um dos problemas em falar sobre "privacidade" com engenheiros, cientistas de dados e líderes seniores é que eles não ouvem essa palavra da mesma forma que a maioria dos cidadãos, porque o termo é multiplamente ambíguo, ou, falando de outro modo, a privacidade tem três lados.

Uma maneira de pensar a privacidade é em termos de conformidade com os regulamentos e a lei, por exemplo, conformidade com o GDPR e o CCPA. Atendidos os requisitos legais, quem tem essa mentalidade pensa que a privacidade das pessoas está sendo respeitada. A segunda maneira é pensar em termos de segurança cibernética: quais medidas são necessárias para proteger dados em face de quem não deveria ter acesso a eles (por exemplo, vários funcionários, hackers, governos etc.)? Ao impedir o acesso indesejado e injustificado, quem tem essa mentalidade pensa que a privacidade das pessoas está sendo respeitada. E a terceira maneira de pensar é a partir de uma perspectiva de risco ético.

No diagrama de Venn, apesar de existirem áreas sobrepostas representando esses três aspectos da privacidade, eles são claramente distintos. Para os fins pretendidos aqui, é importante explorar esta terceira versão e ver quais riscos éticos emergentes são distintos da conformidade legal (compliance) e da segurança cibernética.

Primeiro, os riscos éticos permanecem, mesmo com normas como o GDPR e a CCPA, porque elas só têm efeito em certas jurisdições: Estados-membros da UE e Califórnia, respectivamente. Ainda que o conjunto de riscos éticos seja idêntico ao conjunto de riscos de violação de qualquer um deles, permanece o simples fato de que grande parte dos Estados Unidos não é afetada por elas. Significa que uma empresa pode atuar de maneiras incompatíveis com a CCPA em todos os estados, exceto na Califórnia, ou seja, esses riscos éticos continuam sendo uma ameaça.

Segundo, indo além da jurisdição, os riscos éticos em relação à privacidade não serão idênticos aos riscos regulatórios. Por exemplo, a UE recomenda a proibição de vários softwares de reconhecimento facial precisamente porque essas recomendações não constam no GDPR. Mesmo assim, diversas empresas têm sido criticadas nos noticiários e nas mídias sociais pelo uso dessa tecnologia.

Terceiro, os riscos éticos permanecem, pois os riscos de acesso injustificados não são os únicos desafios de segurança cibernética relacionados a dados e à IA. Mais uma vez, o software de reconhecimento facial constitui ameaça potencial à privacidade, independentemente das preocupações sobre controles relapsos de dados ou sobre a ameaça de vazamento ou de invasão. Talvez a IA de leitura labial seja mais preocupante do que o software de reconhecimento facial, pois pode identificar o que as pessoas estão dizendo sem necessidade de um microfone.[1] E as coisas ficam ainda piores se a forma como as pessoas movem a boca, a mandíbula, a língua e assim por diante funcionar como uma espécie de impressão digital, caso em que uma câmera aprimorada com este software pode identificar quem está dizendo o quê. São riscos de privacidade não regulamentados nem relevantes no campo dos riscos cibernéticos.

Nada disso implica que compliance e segurança não sejam importantes. Desafiar leis custa caro — gasta-se recursos com investigações e com multas, e as manchetes que anunciam essas investigações e multas mancham as marcas. A cibersegurança tem consequências semelhantes. Um sistema no qual dados de usuários, pacientes, consumidores ou cidadãos são vazados ou hackeados é um problema caro. Ambos são eticamente problemáticos. Nenhum conjunto de riscos, no entanto, é idêntico ao conjunto de riscos éticos que mencionamos quando falamos de privacidade no contexto da ética de dados e de IA.

Privacidade Não É Apenas sobre Anonimato

Em alguns casos, engenheiros, cientistas de dados e outros tecnólogos dirão que o anonimato é a chave para respeitar a privacidade, inclusive no contexto de uma discussão sobre ética de IA, que, por sua vez, suscita debates técnicos sobre como anonimizar os dados com a menor probabilidade de serem desanonimizados.

Já vimos isso antes. Ao falar sobre viés, profissionais de tecnologia acreditam que uma ferramenta matemática pode identificá-lo e mitigá-lo. Não é verdade. Ao falar sobre explicabilidade, profissionais de tecnologia acreditam que uma ferramenta matemática tornará a caixa preta transparente. Também não é verdade. Assim, quando profissionais de tecnologia reduzem o risco ético da privacidade a uma questão de anonimato e, em seguida, procuram ferramentas matemáticas para anonimizar dados — por exemplo, privacidade diferencial, k-anonimato, I-diversidade e hashes criptográficos —, devemos ficar atentos.

A principal suposição que os profissionais da tecnologia fazem é que, *se eu não sei de quem são esses dados, não posso violar a privacidade de ninguém.*

Não é uma suposição totalmente irracional. Quando uma organização ou indivíduo o conhece pelo nome, ou por qualquer outra informação de identificação pessoal (PII), fica mais fácil rastreá-lo em sites (por exemplo) e criar um perfil seu com quantidades crescentes de informações. Dito isto, no contexto da ética de dados e de IA, a suposição é falsa. Vejamos isso no caso do escândalo Cambridge Analytica e Facebook.

A Cambridge Analytica coletou os dados de mais de 87 milhões de usuários do Facebook, 70,6 milhões dos quais estavam nos Estados Unidos. A empresa usou esses dados para criar perfis psicológicos, que, por sua vez, foram usados para prever que tipo de anúncio político influenciaria quais tipos de pessoas em determinado local, por exemplo, quais anúncios poderiam fazer com que as pessoas ficassem propensas a votar em Donald Trump. O fato de o Facebook ter projetado seu produto de forma que permitisse à Cambridge Analytica coletar essas informações com o aplicativo disponibilizado na plataforma foi amplamente visto como uma violação de privacidade; essas informações não deveriam ter sido compartilhadas com a Cambridge Analytica. Observe que a empresa não foi hackeada no sentido cibernético da palavra, simplesmente não levou em conta a privacidade ou, pelo menos, não da maneira ou medida certa, ao projetar seus sistemas.

Essa violação enorme de privacidade seria evitada com anonimato? Não me parece. A Cambridge Analytica não precisa que ninguém na organização saiba os nomes de nenhum dos usuários. Na verdade, poderia, por uma questão de manter o anonimato do perfil, ter intencionalmente criptografado ou codificado o nome de usuário e outras PII. Para a empresa, o que importa é "Com uma probabilidade de 74,3%, o usuário fe79n583025nk achará o anúncio #23 persuasivo". Se fosse uma questão de anonimato, os usuários do Facebook, cidadãos e agentes governamentais não se importariam com a conduta da Cambridge Analytica, que minerou os dados, ou do Facebook, que projetou seu software de um jeito que permitiu o acesso a esse conteúdo? Penso que se importariam do mesmo jeito.

Não é que o anonimato não importe, mas não é a única questão relevante. Esse atributo não é suficiente para impedir que empresas, governos e outras organizações coletem dados seus, treinem o AM com eles, façam previsões sobre você e tomem várias decisões sobre como tratá-lo. Mais especificamente, a questão é o grau crescente de poder ou de *controle* que as empresas têm em virtude dos dados que coletam e da IA que criam: controle sobre a quem se concede uma entrevista ou moradia, que conteúdo as pessoas consomem, que anúncios veem, em quem votam, o que acreditam sobre a legitimidade das eleições e assim por diante.

Se você soubesse quais dados as empresas estão coletando e o que estão fazendo com eles, e tivesse o controle para impedi-las de coletá-los ou de usá-los de maneiras às quais você se opõe, poderia, pelo menos em parte, proteger-se da manipulação indevida e de ser tratado de uma forma que não quer. Além disso, se soubesse que seus dados são *economicamente valiosos* para essas organizações, poderia exigir remuneração pela coleta e pelo uso dessas informações. Se seus dados são um ativo, provavelmente não quer distribuí-los gratuitamente (assim como aconteceria com qualquer outro ativo). No final das contas, a conversa sobre privacidade na ética de IA não tem a ver com o que as empresas sabem sobre os cidadãos; é uma questão de controle. Mais especificamente, trata-se do direito de controlar quem pode coletar quais dados sobre você e para que podem usá-los.

Privacidade é uma capacidade

Quando você fecha as persianas do quarto, está *exercendo* seu direito à privacidade, e também o está exercendo quando as abre. Da mesma forma, quando convida alguém para o seu quarto (presumivelmente com as persianas fechadas), essa pessoa não está violando sua privacidade, porque é um direito sobre o qual você pode dispor.

Essa concepção de privacidade está expressa na lei norte-americana, que faz uma distinção entre privacidade informacional e privacidade constitucional.

A privacidade informacional diz respeito ao direito de controlar informações pessoais: quem as possui, por quanto tempo e sob quais condições. Esse controle é considerado importante para que as pessoas possam se proteger, por exemplo, de buscas e vigilância injustificadas. A privacidade constitucional não tem a ver com o controle sobre informações pessoais, mas sim com o controle sobre *si mesmo*. Sendo um direito, confere certo nível de independência no desdobramento de nossas vidas, com quem nos associamos, que tipo de estilo de vida preferimos etc. Isso tem sido aplicado para defender, por exemplo, o exercício livre da orientação sexual, da liberdade religiosa e de ter filhos.

Se sua empresa tem como objetivo o respeito à privacidade, isso significa, *no mínimo*, não implantar a IA de forma que a capacidade de controlar informações pessoais e a si mesmo seja prejudicada ou não possa ser exercida sem grande esforço por parte do usuário, consumidor ou cidadão. No *máximo*, significa implantar IA que promova positivamente essa capacidade, ou permita seu exercício.

Vamos supor que trabalhe para uma organização que afirma respeitar as pessoas e sua privacidade. Não é nada bom minar a capacidade de exercer o direito à privacidade, pode-se querer empoderar esse exercício ao máximo, ou ficar no meio-termo. Como mensurar isso e como introduzir esse pensamento no desenvolvimento e na implementação da IA?

Os Cinco Níveis Éticos de Privacidade

Começamos pensando nos elementos que criam as condições sob as quais seus usuários, consumidores ou cidadãos podem exercer a capacidade de controlar suas vidas (digitais).

Transparência

Se os usuários, consumidores ou cidadãos não sabem quais informações estão sendo coletadas sobre eles, o que está sendo feito com essas informações, para quais decisões elas contribuem, com quem estão sendo compartilhadas ou para quem estão sendo vendidas, então os usuários não podem exercer controle algum. Se uma empresa não relata isso aos clientes ou, pior, também não sabe, isso é um problema.

Controle de dados

Usuários, consumidores ou cidadãos podem ou não ter a capacidade de corrigir, editar ou excluir informações sobre si mesmos e podem ou não ser capazes de optar por não serem tratados de determinada maneira (por exemplo, optar por não receber anúncios direcionados). Ter a capacidade de executar essas ações é pelo menos *parte* do exercício do controle sobre as informações, sendo essa capacidade cada vez mais importante às empresas, por pelo menos três motivos. Primeiro, é exigida por algumas leis, por exemplo, o GDPR. Segundo, demonstra aos usuários (consumidores ou cidadãos — doravante chamarei todos de "usuários") que você respeita a privacidade deles. E, terceiro, dá aos usuários a oportunidade de corrigir informações imprecisas que a empresa tem sobre eles, possibilitando que sejam melhor atendidos, e que a organização crie modelos de IA mais precisos.

Aceitar ou recusar por padrão

A maioria das empresas coleta uma grande quantidade de dados, ou durante o processo de criação de uma conta, ou quando usuários estão navegando em seus respectivos sites: sua organização coleta dados sobre a navegação desses usuários, por quanto tempo navegam, no que clicam e assim por diante. E isso acontece sem qualquer anuência dos usuários, já que são automaticamente incluídos na coleta desses dados, sem terem a possibilidade de "optar por não participar". A alternativa seria as empresas automaticamente "excluírem" os usuários da coleta de dados, ou seja, não coletar dados a menos que os usuários concordem expressamente com isso.

A primeira abordagem atribui ao usuário o ônus de investigar como a organização coleta seus dados, de revisar essa lista, e de recusar essa coleta. A última atribui esse ônus à organização, que informa ao usuário os benefícios obtidos, caso opte por compartilhar e usar os próprios dados da maneira proposta, destacando que aceitar compartilhá-los será uma boa decisão. A recusa como padrão motiva-se, em parte, pela ideia de que a prioridade é não causar danos, e isso pode ser alcançado não presumindo que o usuário consentiu a coleta e o uso de seus dados.

Serviços completos

Sua organização pode aumentar ou diminuir os serviços prestados, dependendo dos dados fornecidos por uma pessoa. Algumas organizações não disponibilizarão nenhum serviço se o usuário não consentir com suas políticas de privacidade (intrusivas). Algumas irão variar o grau de serviços, dependendo da quantidade de dados compartilhados. Outras fornecerão serviços completos, independentemente da quantidade de dados que o usuário compartilha. A importância dos serviços é uma questão a se considerar. Se a autonomia consiste, pelo menos em parte, na capacidade de viver a vida livremente, sem a influência indevida de terceiros, e uma organização presta um serviço essencial com a condição de que lhe conceda um nível de acesso aos seus dados que cause desconforto, então essa organização tem uma influência indevida sobre o usuário; sua autonomia está sendo afetada.

Com a exposição desses elementos de privacidade, passemos ao que chamo de Os Cinco Níveis Éticos de Privacidade, organizados na tabela 4-1.

TABELA 4-1

Os cinco níveis éticos de privacidade

	Nível 1 De olhos vendados e algemados	Nível 2 Algemados	Nível 3 Pressionados	Nível 4 Ligeiramente restringidos	Nível 5 Gratos
Transparência		✓	✓	✓	✓
Controle de dados			✓	✓	✓
Recusa como padrão				✓	✓
Serviços completos	✓	✓			✓

Nível 1: Consumidores de olhos vendados e algemados. As pessoas estão *no escuro* e são *passivas* no que diz respeito aos próprios dados e às predições feitas sobre eles, esta é a atual conjuntura. A grande maioria dos consumidores mal sabe o que são dados, muito menos o que são "metadados", "inteligência artificial", "aprendizado de máquina" ou "algoritmos preditivos". E mesmo se instruída sobre tais assuntos, a pessoa média não está familiarizada com as políticas de privacidade das dezenas, se não centenas de sites e aplicativos com os quais interage regularmente. Além disso, os dados pessoais podem ser coletados e as predições serão feitas, apesar de não escolherem entrar em um site ou comprar qualquer coisa. A vigilância corporativa dos funcionários (como ilustramos no início deste capítulo) é realizada de forma não transparente, de modo que os funcionários não têm controle e aceitam tudo isso como padrão. Os cidadãos vigiados por uma força policial — que discutiremos mais detalhadamente no Capítulo 7 — estão no mesmo barco.

Clicar em um banner "aceitando" os "termos e condições" e as "políticas de privacidade" não serve como argumento para se afirmar que superamos o nível 1, visto que os dados dos usuários são coletados simplesmente por entrarem em um site ou por usarem um aplicativo. Embora isso possa ou não proteger as empresas legalmente, não as livra de riscos éticos ou reputacionais. Se os termos e condições do Facebook indicavam a possibilidade de um incidente como o da Cambridge Analytica, isso não diminuiria a enxurrada de críticas. Na verdade, imagine se eles declarassem — "Então, nas trinta páginas escritas em juridiquês de nossos termos e condições, dissemos que isso poderia acontecer" —, isso só teria causado mais revolta. Como vimos no capítulo anterior, para ser eficaz e transmitir respeito, as explicações precisam ser inteligíveis e de fácil assimilação para seus públicos.

Quando atuam no nível 1, as empresas estão envolvidas em atividades que tendem a indignar as pessoas nas redes sociais e a estimular os jornalistas. Inspiram livros como *A Era do Capitalismo de Vigilância* e o "Privacy Project" [Projeto Privacidade], do *New York Times*, no qual se escrevem artigos continuamente sobre as maneiras pelas quais as corporações violam a confiança dos cidadãos e dos consumidores. É o que permite à Apple ridicularizar o Facebook.

Nível 2: Consumidores algemados. Pelo menos a venda foi retirada. Os usuários têm, em princípio, *conhecimento* sobre seus dados e predições, mas ainda são *passivos* em relação ao que é coletado e feito com esse material. Caso se esforcem um pouco, conseguem acessar as informações pessoais e as predições relevantes. A empresa coletante não conseguiu informar ao usuário quais dados pessoais tem e para que os está usando. Dito isso, apesar de as pessoas saberem o que está sendo feito com seus dados, não podem fazer nada a respeito. Esta é mais ou menos a relação do norte-americano com o Departament of Motor Vehicles [Departamento de Veículos Motorizados, em tradução livre, órgão equivalente ao Detran brasileiro]. O órgão tem um monte de dados do usuário — nome, endereço, altura, cabelo, cor dos olhos, número de acusações por direção imprudente etc. No entanto, o usuário não tem ingerência sobre essas informações.

Nível 3: Consumidores pressionados. As pessoas sabem o que está sendo feito *e* têm certo grau de controle sobre quais dados são coletados e como são usados. Mais especificamente, após pesquisar sobre esses assuntos, têm a capacidade de recusar a coleta e uso de dados caso não concordem com o modo de utilização. Como precisam expressar a recusa, até essa manifestação já houve coleta e uso de uma parcela de dados.

Nível 4: Consumidores ligeiramente restringidos. As pessoas têm conhecimento e seus dados não são coletados ou usados sem consentimento.

Observe que, nos níveis 1 e 2 — nos quais as pessoas não têm controle sobre quais dados são coletados ou o que é feito com eles, tendo como única alternativa não usar os serviços ou bens da empresa —, fornecem-se serviços completos, e a maioria das empresas está nesse espaço. A justificativa é "desde que estejamos fornecendo valor ao cliente, podemos usar seus dados quando consomem nossos serviços". O *julgamento* sobre o compartilhamento de dados em face da prestação do serviço é feito pela própria empresa, que tem incentivo financeiro para fazê-lo.

Nos níveis 3 e 4 — em que as pessoas podem aceitar ou recusar —, o julgamento é, mais ou menos, feito pelos usuários cujos dados estão sendo coletados, eles têm mais controle. Porém as empresas podem incentivar (ou pressionar, dependendo da urgência com que as pessoas precisam usar o serviço) o usuário a fazer essa troca reduzindo os serviços em resposta ao compartilhamento reduzido de dados. É como seduzir alguém que sabe-se que é casado; sim, a pessoa seduzida decide o que fazer, todavia, se resolver trair, quem deu em cima desempenhou papel ativo nisso.

Nível 5: Consumidores livres e gratos. A organização fornece serviços completos independentemente se a pessoa aceita ou não compartilhar os dados (salvo aqueles necessários para os serviços que a pessoa solicitou ou pagou). Obviamente, isso é compatível com a redução de serviços se a pessoa não pagar por eles.

Esses cinco níveis são uma heurística. A realidade é muito mais complexa. Em alguns casos, as organizações estão (legitimamente) comprometidas com diferentes níveis para diferentes produtos, e podem ser transparentes em relação a esse aspecto, mas não a outro (por exemplo, transparentes sobre quais dados são coletados, mas nebulosos sobre quais predições estão fazendo). Ainda assim, os níveis nos dão certa noção sobre o que é, de fato, a privacidade na ética de IA. Além disso, destacam a necessidade de as organizações determinarem qual nível será a meta (ou, mais importante, de qual nível nunca descer), tanto em escala organizacional quanto de produto a produto. Isso nos leva a uma Estrutura da Lição de Conteúdo.

> **Estrutura da Lição de Conteúdo nº 8:** Antes de começar a coletar dados para treinar sua IA, determine qual nível ético de privacidade é apropriado para o caso de uso.

Criando e Implementando com os Cinco Níveis Éticos de Privacidade

Os Cinco Níveis Éticos de Privacidade proporcionam uma maneira de avaliar o grau de privacidade respeitado pelo produto e, indiretamente, pela organização que o criou, e isso é bom tanto para stakeholders externos quanto para executivos e gerentes encarregados de garantir que o compromisso organizacional com a privacidade seja verdadeiro. É também uma ferramenta pela qual os desenvolvedores podem pensar sobre privacidade enquanto produzem.

Suponha que seus gerentes de produto tenham uma compreensão clara do compromisso de sua organização com a privacidade, incluindo o que sempre fazer e o que nunca fazer (um bom senso que pode vir de sua Declaração de Ética de IA, que discutiremos em detalhes no próximo capítulo). Pode até incluir um compromisso de nunca ficar abaixo do nível 2 de privacidade, ou uma forte busca pelo nível 5.

Um problema é apresentado a uma de suas equipes de IA e elas começam um brainstorming ou — "palavra" que deveria ser evitada — uma *ideação* de potenciais soluções. À medida que pensam nessas soluções, também pensam com quais níveis de privacidade essas soluções são compatíveis e como o produto proposto se encaixa nos compromissos gerais de privacidade de sua organização. Algumas soluções propostas — como a que implementa tecnologia de reconhecimento facial em segredo para identificar clientes comprando em uma loja e enviar cupons de desconto de papel higiênico para os celulares desses clientes por uma hora — são rejeitadas porque a organização exige transparência com o público. Outras soluções — como a que envia esses cupons para clientes antigos com base na predição de IA do momento em que vão precisar comprar mais — são mantidas, porque esses clientes já aceitaram a coleta desses dados para receber cupons direcionados, refletindo o compromisso da organização com o nível 4 (já que a recusa é o padrão para esses clientes; se não aceitarem, também não ganham os cupons).

Em certos casos, o nível em que uma empresa atua é amplamente determinado pelo seu modelo de negócios. No caso do Facebook, parar de coletar dados de usuários pode fazê-lo desmoronar, a menos que as pessoas aceitem o compartilhamento de dados e os serviços sejam fornecidos completamente. Sua receita é impulsionada pela veiculação de anúncios, e os anunciantes precisam de dados do usuário para que possam segmentá-los. Outras empresas, por exemplo as que atuam com modelo de assinatura, podem se dar ao luxo de alcançar o nível 5.

Nem todas as organizações devem buscar o nível 5. Sendo a amplitude do conhecimento e do controle por parte dos usuários-alvo sobre os dados coletados e usados por sua empresa, a privacidade deve ser valorizada. Contudo, não é o único aspecto a se dar valor, e há casos em que é razoável diminuir o nível de privacidade para que se dê prioridade a outro bem (ético). Se, por exemplo, diminuir o nível de privacidade que é essencial para, digamos, desenvolver uma vacina para uma pandemia global, então sua escolha pode muito bem ser fundamentada eticamente (com a condição de, por exemplo, ser responsável pela segurança dos dados e da infraestrutura de IA criada). Na verdade, o Facebook é indiscutivelmente fundamentado — *até certo ponto* — em suas práticas de privacidade, uma vez que seu modelo de negócios, baseado em publicidade, não em assinaturas, viabiliza o fornecimento de seus serviços em escala economicamente global. Cidadãos de países em desenvolvimento com salários extremamente baixos ou nulos podem usar o Facebook por razões pessoais e profissionais sem ter que arcar com despesas extras. Se o Facebook introduzisse um modelo de assinatura global devido à privacidade, sem dúvida seria criticado, o que não seria irracional, em face da exclusão histórica de cidadãos, atualmente marginalizados da comunidade global.

Nesse aspecto, o Facebook está em uma situação meio complicada — é forçado a sopesar dois valores em conflito (e deixar o balanço de lado): por um lado, a privacidade, que pode ser ampliada com um modelo de assinatura, e, por outro, a entrega de oportunidades para quem precisa desesperadamente, o que vai de encontro ao modelo de assinatura. Não é fácil resolver essa tensão, e isso certamente não faz parte das atribuições de cientistas e engenheiros de dados. Assim, temos outra Estrutura da Lição de Conteúdo.

> **Estrutura da Lição de Conteúdo nº. 9:** Sua organização precisa de um indivíduo ou, idealmente, um conjunto de indivíduos que possam tomar decisões responsáveis e embasadas por especialistas quando há conflitos de valores éticos.

Empresas Assustadoras e Respeito

Passamos este capítulo focando um elemento essencial para pensar sobre privacidade de uma perspectiva ética: quem controla os dados e sua finalidade de uso. Entretanto, muitas pessoas não formulam suas preocupações com as violações de privacidade dessa forma. Em vez disso, qualificam todos os dados que sua organização e outras pessoas coletam sobre elas como *assustadores*. Empresas "perseguindo" seus clientes é algo "nojento". E exatamente por esse motivo podem rejeitar organizações que coletam seus dados.

Eu mesmo estou inclinado a pensar que essas preocupações são um pouco equivocadas. Ser assustador é *parecer* perigoso, não seguro ou ameaçador. Há, então, uma questão a mais: a coisa assustadora *é uma ameaça real*? (Algumas pessoas são assustadoras, mas inofensivas; fazem contato visual por muito tempo, por exemplo, mas não há nada perverso motivando esse olhar.) E como eu disse, o perigo real é como as organizações usam esses dados, não apenas a posse deles. É possível pensar, então: "Nossa organização não está fazendo nada eticamente problemático com seus dados, então a preocupação com sermos assustadores ou ameaçadores é infundada; portanto, podemos, eticamente falando, ignorar reclamações sobre essa condição." Só que isso é errado.

Seus clientes podem ou não ter receios infundados sobre o que será feito com seus dados. Podem achar isso assustador enquanto a empresa acha que não tem fundamento. Todavia, *respeitar* as pessoas implica, em parte, que se respeite suas vontades, mesmo que se acredite que essa vontade esteja equivocada ou mal informada. Simplesmente ignorar essa preocupação é ignorar o julgamento delas e levar em conta o da organização, e, mesmo que esse julgamento seja mais preciso, não respeitar a vontade dos clientes pode ser paternalista, conduta passível de objeções.

Uma Última Reflexão: A Estranheza de Falar sobre Privacidade

Tenho que admitir que — deixando de lado o compliance e a cibersegurança — acho um pouco estranho falar sobre privacidade no contexto de IA. O perigo real para usuários, consumidores e cidadãos não é que as organizações *tenham* dados sobre eles, mas, sim, que possam *fazer* coisas com as quais não concordem. Podem achar que as coisas que as organizações se propõem a fazer com os dados, como treinar modelos de IA, são ou serão prejudiciais ao usuário ou à sociedade em geral. Por exemplo, manipulando todo mundo, influenciando indevidamente decisões e ações porque os usuários sentem que estão sendo observados; categorizando-os incorretamente e negando-lhes um bem ou serviço que merecem (por exemplo, crédito, habitação, seguro etc.), causando-lhes danos emocionais decorrentes pela forma que a IA gera os feeds de notícias e as redes sociais de cada usuário, dentre outras.

Em suma, manifestar preocupações com privacidade no contexto da IA é muitas vezes expressar receios de que sua organização tenha uma conduta ética questionável em virtude da implementação de uma IA não segura nesse aspecto. Os usuários querem controle sobre os próprios dados para que não possam ser prejudicados. Ou seja, falar de privacidade é uma outra forma de falar de ética de IA.

Acertando as Coisas

A esta altura, você deve ter entendido os fundamentos de IA, de ética e os três grandes desafios da ética de IA: viés, explicabilidade e privacidade. E como resultado da Estrutura das Lições de Conteúdo, já se vislumbra certo esboço de um programa de risco ético de IA. Agora é hora de começar a evidenciar essa Estrutura, primeiro observando como as pessoas geralmente tentam fazer isso e erram. Assim, prometo que vou ensinar como fazer isso do jeito certo.

Resumo

- Duas Estruturas das Lições de Conteúdo se relacionam com a privacidade e podem orientar abordagens à Estrutura que são adquiridas a partir da compreensão do Conteúdo:
    - Antes de começar a coletar dados para treinar sua IA, determine qual nível ético de privacidade é apropriado para o caso de uso.
    - Sua organização precisa de um indivíduo ou, idealmente, um conjunto de indivíduos, que possam tomar decisões responsáveis e embasadas por especialistas quando há conflitos de valores éticos.

- A ética de IA invariavelmente abrange a ética de dados, na medida em que o aprendizado de máquina exige que a organização desenvolvedora ou implementadora de IA adquira ou use dados.
    - Esses dados e, mais especificamente, o AM usado para treinar costumam ser criados para fazer predições sobre usuários, consumidores, cidadãos, funcionários etc. Essas previsões e as ações subsequentes podem ou não ter os melhores interesses desses grupos como prioridade, e as pessoas muitas vezes insistem, com razão, que houve violação de privacidade em virtude dos dados coletados e das predições.

- A privacidade tem três aspectos:
    - Compliance.
    - Integridade e segurança de dados (cibersegurança).
    - Ética.

- A privacidade é muitas vezes equiparada ao anonimato. Embora seja importante que dados de identificação pessoal sejam devidamente anonimizados (além de ser uma responsabilidade do ponto de vista ético e de cibersegurança), as reclamações sobre violações de privacidade vão muito além da falta de anonimato.

- A privacidade, no contexto da ética da IA, é mais bem entendida como a medida em que as pessoas têm conhecimento e controle sobre seus dados sem pressão indevida. Definindo de outra forma, o respeito das organizações pela privacidade é, em grande parte, o respeito pela autonomia das pessoas, alvos da coleta de dados e da implementação de IA.

- Os quatro elementos dos Cinco Níveis Éticos de Privacidade são:
  - Transparência.
  - Controle de dados.
  - Recusa como padrão.
  - Serviços completos.

- Quanto mais desses elementos chegam aos consumidores, maior o nível de privacidade de uma empresa. Os Cinco Níveis Éticos de Privacidade baseados nesses elementos são, em ordem crescente:
  - Nível 1: olhos vendados e algemados. Há apenas serviços completos.
  - Nível 2: algemados. Há serviços completos e transparência.
  - Nível 3: pressionados. Há transparência e os usuários controlam seus dados.

▷ Nível 4: ligeiramente restringidos. Há transparência, os usuários controlam seus dados e o padrão de consentimento é a recusa.

▷ Nível 5: livres e gratos. Todos os quatro elementos são fornecidos.

► Nem todas as empresas em todos os produtos devem buscar o nível 5. A privacidade é um valor entre muitos, e os *trade-offs* entre ela e outros valores devem respeitar os compromissos e as prioridades éticas mais generalizados da organização.

UM BREVE INTERLÚDIO

Você deve estar se perguntando "que seção é essa?" Não é um capítulo, não é sobre Conteúdo e também não se trata tanto de Estrutura. Vamos chamá-la de "interlúdio filosófico". Algo para desanuviar a mente, uma pausa, antes de mergulharmos de cabeça na Estrutura. Gostaria de falar umas coisas sobre o título deste livro.[1]

Uma ideia comum é que ferramentas (e máquinas) são eticamente neutras; não há nada intrinsecamente bom ou ruim, certo ou errado sobre, digamos, uma chave de fenda. Toda a ética da chave de fenda se resume à construção em que a chave é utilizada. Casas para os necessitados? Ótimo. Campos de concentração? Péssimo.

E as ferramentas não podem levar pessoas a fazer coisas. São inanimadas, não chamam ninguém à ação.

A ideia de que ferramentas são eticamente neutras é plausível, pelo menos quando aplicadas a chaves de fenda. E quanto à IA? Afinal, é uma ferramenta. Pode-se pensar que a ética de IA se resume à forma de utilização. Reconhecimento facial para prender criminosos? Ótimo. Para rastrear civis inocentes? Péssimo.

No entanto, já vimos que o tema tem mais nuances. Observe, por exemplo, o capítulo sobre viés. Aprendemos que a *forma como se desenvolve* a IA depende dos recursos de ferramenta criados. Toma-se decisões sobre qual conjunto de dados de treinamento usar, qual limite e qual função de objetivo definir, testar em qual benchmark, e tudo isso impacta a saída, se será discriminatória ou não. Não importa como o usuário final a implementa ou, diferente da chave de fenda, se tem boas intenções. Uma IA discriminatória, quando utilizada, forçará o usuário a discriminar, mesmo que não pretenda causar danos.

Lembre-se, também, do que aprendemos sobre privacidade. A IA (e, mais especificamente, o aprendizado de máquina) só pode existir se houver muitos dados para alimentá-la. Em condições normais, quanto mais dados, melhor (como vimos no Capítulo 3). Assim, as organizações que desenvolvem IA são altamente incentivadas a coletar e usar o máximo de dados possível, o que, por sua vez, incentiva a violação da privacidade das pessoas para que esses dados sejam minerados. Para libertar seu poder, a fera aprendizado de máquina exige que o portador dessa força sugue todos esses dados. Chaves de fenda não têm exigências assim.

IA eticamente neutra não existe. As pessoas que encomendam, projetam, desenvolvem, implementam e aprovam uma IA são bastante diferentes das que fabricam chaves de fenda. Quando se desenvolve IA, cria-se máquinas éticas ou antiéticas.

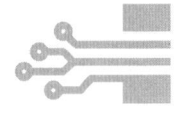

5

Códigos de Ética de IA que Realmente Têm Efeito Prático

No Capítulo 1, vimos como a ética pode ser concreta no sentido de que não é uma "frescura", então vamos em frente. As crenças éticas tratam do mundo, especificamente, do que é certo e errado, bom e ruim, permissível e inadmissível, e as organizações podem acertar ou errar ao definir sua ética. Nos Capítulos 2 a 4, investigamos os detalhes de três questões éticas de IA complexas: viés, explicabilidade e privacidade. Por meio da compreensão dessas questões, aprendemos uma variedade de Estruturas a partir de Lições de Conteúdo.

Tudo isso (e mais) deve se fundir em um programa de risco ético de IA: articulações de como uma estrutura em sua organização é criada, escalada e mantida para identificar e para gerenciar sistemática e amplamente os riscos éticos, reputacionais, regulatórios e jurídicos de IA. Porém, se sua organização é como a maioria, você (justificadamente) acredita que isso é um grande passo, então é improvável que largue o livro e comece imediatamente a trabalhar criando este programa e a mudança organizacional e cultural que ele implica.

Por onde começar? O primeiro passo comum na indústria, entre organizações sem fins lucrativos e até mesmo entre países, é articular padrões éticos para desenvolvimento e implementação da IA — um conjunto de valores ou princípios éticos. Às vezes, eles são chamados de "Princípios de Ética de IA", embora, cada vez mais, sejam o método da organização trabalhar rumo à IA "Responsável" ou "Confiável". Centenas de organizações divulgaram códigos deste tipo, e esse é um bom começo. Articular padrões éticos é obviamente importante se você quiser que conselho, diretoria, proprietários e desenvolvedores de produtos, e assim por diante, sejam bem orientados. É necessário um ponto de partida.

Desnecessário mergulhar nos detalhes de um código de ética de IA específico, pois, embora variem, quase todos enumeram os seguintes itens como seus "princípios" ou seus "valores":

- Justiça
- Antidiscriminação
- Transparência
- Explicabilidade
- Respeito
- Accountability
- Precisão
- Segurança
- Confiabilidade
- Segurança operacional
- Privacidade
- Beneficência
- *Human in the loop*, controle humano, supervisão humana, design centrado no ser humano

Essas listas geralmente são acompanhadas de uma frase ou duas sobre o que a organização quer dizer quando afirma que valoriza essas coisas. Vejamos alguns exemplos do mundo real:

- **Diversidade, não discriminação e justiça.** O BMW Group respeita a dignidade humana e, portanto, se propõe a construir aplicações justas de IA e sua adesão ao Compliance da empresa.[1]
- **Transparência.** Somos transparentes quando um cliente se comunica com uma IA e em relação ao nosso uso de dados do cliente.[2]
- **Proteção de dados e de privacidade.** A proteção de dados e a privacidade são requisitos corporativos, sendo a essência de todos os produtos e serviços.[3] Comunicamos claramente como, por que, onde e quando os dados do cliente e do usuário anônimo são usados em nosso software de IA.[4]
- **Accountability.** Projetaremos sistemas de IA que forneçam oportunidades apropriadas para feedback, explicações relevantes e declarações públicas. Nossas tecnologias de IA estarão sujeitas à direção e ao controle humanos adequados.[5]

Já disse que é um bom começo. Todavia, a execução é tudo, nesse e em outros casos, e, na minha opinião, esse código me parece pouco convincente.

A questão não é mentiras ou problemas éticos. É que tais códigos não são tão *úteis* para uma organização que leva a sério a integração de padrões de mitigação de risco ético de IA em seu ecossistema de IA. Várias empresas entraram em contato comigo após terem "um forte acordo interno sobre um conjunto de princípios éticos de IA", que sempre se parecem com o que listamos agora, mas tiveram muitas dificuldades ao tentar colocar esses princípios em prática. Como passar desse código à resposta de perguntas como: "Precisamos de um comitê de ética?"

"Devemos dizer aos nossos desenvolvedores de produtos para se engajarem na 'ética da IA por design'?" e, finalmente, e sempre, "Como transformamos isso em indicadores-chave de desempenho (KPIs)?!"

Entretanto, ainda é muito cedo para falar sobre estrutura, processo e prática. Essas empresas estão enfrentando problemas porque essas listas — às vezes ancoradas no jargão corporativo reconfortante "frameworks" — têm uma série de problemas que as impedem de serem úteis.

Quatro Problemas dos Códigos de Ética Padrão de IA
1. Eles agrupam Conteúdo e Estrutura

A distinção entre Conteúdo e Estrutura mapeia grosseiramente a distinção entre objetivos e estratégias ou táticas e, caso não seja possível diferenciar entre objetivos e estratégias, não só haverá confusão, como também haverá a tomada de decisões ruins, levando a resultados igualmente ruins. Pode-se, por exemplo, abdicar de um objetivo e não de uma estratégia, pois desde o início não há compreensão estabelecida dessas coisas.

Por exemplo, vejamos "accountability", item que aparece em quase todas as listas. No entanto, ser "accountable", ou melhor, garantir que pessoas específicas no desenvolvimento e na implementação de produtos sejam responsabilizadas pelos impactos de sua IA, não é um objetivo ético em si — é uma estratégia para alcançar um objetivo diferente: aumentar a probabilidade de implementação de uma IA ética. Atribuir responsabilidade a pessoas específicas — por exemplo, atribuir responsabilidades específicas de papéis — é uma forma de diminuir a chance de que as coisas passem batidas. E se, de alguma forma, fosse *possível* impedir que as coisas passassem batidas e esse método funcionasse sem responsabilizar ninguém, seria desnecessário responsabilizar pessoas. (Claro que isso, muito provavelmente, não existe, mas esse raciocínio demonstra que accountability é uma estratégia, não um objetivo.)

2. Eles agrupam valores éticos e não éticos

Quando se fala de ética em IA, os valores e princípios defendidos devem ser de natureza ética. Contudo, essas listas incluem valores não éticos, por exemplo, segurança e precisão. A primeira refere-se às medidas com o intuito de se prevenir e de se defender contra vários tipos de ataques cibernéticos e a última, aos objetivos dos engenheiros que treinam os modelos de IA.

Incluir essas coisas é compatível com o que mencionei anteriormente sobre "ética em IA", "IA responsável" ou "confiável". A princípio, não há problema nisso. Na prática, tende a despriorizar preocupações éticas. O exemplo a seguir ilustra algumas conversas que tive:

"Vocês têm um programa de risco ético de IA?"

"Ah, sim, levamos a IA responsável muito a sério."

"Isso é ótimo! O que estão fazendo a esse respeito?"

"Bem, muitos testes e monitoramento de nossos modelos verificando *data drift* [desvio de dados, em tradução livre], sobreajuste, e assim por diante. Implantamos segurança no processo de desenvolvimento de produtos e garantimos que as saídas do nosso modelo sejam explicáveis."

"Entendo. E o que estão fazendo quanto à ética de IA, especificamente?"

"Especificamente? Ah... acho que é só esse lance de explicabilidade, mesmo."

"Entendi. Aparentemente, seu Programa de IA Responsável tem a ver com o funcionamento de seu modelo, de uma perspectiva de engenharia e de segurança, sem um foco particular em, digamos, saídas discriminatórias, violações de privacidade e vários riscos éticos e de reputação que podem acontecer em casos de uso específicos com IA."

"É, acho que sim. Não sabemos bem o que fazer com essas coisas."

O problema não é com um conceito, como "IA Responsável" ou "IA Confiável", e é absolutamente essencial que as organizações sejam conhecidas como empresas que protegem seus modelos de IA, os dados nos quais treinam e os que produzem, de ataques cibernéticos, bem como a credibilidade de que seus desenvolvedores criem modelos precisos e produtos confiáveis. O problema é que agrupar questões éticas, de segurança cibernética e de engenharia em uma pilha de desenvolvimento e de implementação responsáveis afeta a forma como as pessoas pensam e tomam decisões sobre onde estão e onde precisam estar em sua jornada de risco ético de IA. Se não os agruparmos, mas, em vez disso, falarmos sobre esses fatores como entidades distintas que precisam ser tratadas individualmente, as pessoas farão isso em vez de não perceberem que a pontuação alta em suas métricas de IA Responsável é, sobretudo, resultado de um desempenho elevado em métricas de engenharia, não de esforços de mitigação de risco ético (com desempenho reduzido).

Outra dificuldade pragmática aqui é que, na medida em que um Código de Ética de IA é o início de um programa de risco ético de IA mais generalizado, e é implementado de forma eficaz (abordaremos isso com mais detalhes posteriormente), algum membro sênior da organização terá que assumir este programa. Esse membro sênior terá autoridade sobre as pessoas que garantem que os valores estejam sendo operacionalizados. Mas é raro que um único líder sênior assuma ética de IA *e* segurança cibernética de IA *e* engenharia de IA ou desenvolvimento de produtos. Como resultado, o código será um documento mais funcional se tratar de um programa coeso pelo qual um líder sênior pode ser responsável. Não é preciso dizer — ou melhor, deve ser dito em outro ponto — que um líder sênior, como um diretor de informações e de segurança, deve trabalhar para proteger sua infraestrutura de IA contra ataques e que o diretor de dados deve trabalhar para garantir modelos precisos e confiáveis.

3. Eles agrupam valores instrumentais e não instrumentais

É bom quando algo tem valor instrumental, pois isso lhe dará outra coisa, que também será boa. As canetas são de valor instrumental porque ajudam a escrever coisas, o que é bom para lembrar coisas, o que é bom para fazer coisas que se deseja fazer. Ser famoso tem valor instrumental porque permite que se obtenha reservas em restaurantes sofisticados. O voto tem valor instrumental porque é uma boa maneira de expressar a vontade das pessoas e ter um impacto significativo sobre como serão governadas e assim por diante.

O valor não instrumental é... Bem, é o que parece ser. São coisas boas em si mesmas, por si mesmas, intrinsecamente boas e assim sucessivamente. O que é não instrumentalmente valioso? Os eticistas discordam, mas o prazer e a dor são bons candidatos ("Por que o prazer é bom? Por que a dor é ruim? Eu não sei... Eles simplesmente são!"), assim como a felicidade, uma vida significativa, justiça e autonomia.

A relação entre valores instrumentais e não instrumentais é bastante clara: estes últimos explicam por que as coisas têm valor instrumental. Por exemplo, valorizamos instrumentalmente o exercício porque contribui positivamente com a saúde. A própria saúde também é de valor instrumental, pois nos ajuda a evitar a doença, que é dolorosa. Por que queremos evitar a dor da doença? Não é porque nos dará algo a mais. Em vez disso, apenas a desvalorizamos não instrumentalmente.[6]

Dito isso, algumas coisas podem ser ambos. Por exemplo, viver uma vida ótima é não instrumentalmente valioso, e é instrumentalmente valioso porque inspira outras pessoas a levar uma vida ótima.

Essa distinção é importante se quisermos pensar claramente sobre o conteúdo de nossos valores éticos de IA. Em particular, não queremos sacrificar o que é de valor não instrumental por algo de valor instrumental; isso costuma ser eticamente problemático e um tanto estúpido. Infelizmente, receio que esses códigos éticos padrão de IA façam isso com bastante frequência. Considere, por exemplo:

- *Human in the loop*, design centrado no ser humano, supervisão humana
- Transparência
- Explicabilidade

Human in the loop. Essa expressão [humano no circuito, em tradução livre] denota que há um tomador de decisão humano entre as saídas de uma IA e a decisão impactante advinda delas. Por exemplo, se a IA diz: "Atire nessa pessoa", é bom que um humano pondere e decida o que fazer em vez de a IA disparar automaticamente. Mas por que trabalhar com o *human in the loop*? Presumivelmente porque acredita-se que ter a supervisão humana (emocionalmente) inteligente e experiente é importante para evitar resultados extremamente ruins. Em outras palavras, essa pessoa desempenha certo *papel* — impedir que algumas coisas ruins aconteçam quando a IA agir de forma indesejada. Eles são de valor *instrumental*, pelo menos em alguns casos, e ter o *human in the loop* não é um objetivo por si só. Então, seria estranho dizer que esse é um dos seus valores.

Pense no que aconteceria se encontrássemos um método de supervisão de IA que fosse melhor do que um *human in the loop*. Suponha, por exemplo, que você tenha uma IA que verifique as saídas de outra

IA. E suponha que a IA supervisora seja melhor nisso do que um humano (porque, por exemplo, o humano é muito lento para acompanhar as saídas da IA supervisionada). Escolher o humano no lugar da IA superior a ele seria contraproducente para o objetivo de garantir, da melhor forma possível, saídas eticamente seguras. O perigo em afirmar que o *human in the loop* é um dos seus valores é que determinada decisão pode ser tomada com base na confusão feita entre um objetivo — segurança operacional ética — e uma estratégia para atingir esse objetivo: o *human in the loop*.

Transparência. Transparência consiste na abertura e na honestidade de sua comunicação com os demais, incluindo, digamos, seu grau de clareza quando comunica aos usuários quais dados sua IA coleta, o que a organização pode fazer com esses dados e o próprio fato de esses usuários estarem utilizando uma IA. Ser transparente é um valor instrumental ou não instrumental? Isso leva a bons resultados ou é bom em si mesmo?

Na minha opinião, a transparência tem um valor instrumental.

Esse valor faz parte de uma estratégia para obter confiança *porque você é confiável*. Uma vez que agir de forma ética gera confiança e agir de forma antiética a destrói, garantir que sua IA seja implementada de forma ética é crucial para a construção de confiança.

Seu objetivo não pode ser simplesmente obter confiança. Os vigaristas são muito bons em ganhar a confiança das pessoas. Ser altamente manipulador também envolve conquistar essa confiança. Porém, o fato de que é possível obter a confiança das pessoas por meios nefastos não o torna confiável. Além do mais, é uma situação altamente instável; mesmo que você consiga se safar por algum tempo, futuramente será descoberto. Há uma razão para trapaceiros serem nômades.

Observe que ser confiável não é suficiente para obter confiança. Também é preciso comunicar às pessoas o que está sendo feito ou elas não saberão que isso o torna confiável. Em outras palavras, primeiro coloque sua casa ética em ordem. Isso o tornará confiável. Conte a todos sobre sua casa. Isso lhe dará a confiança, mas não por ter sido manipulador. A transparência é boa porque constrói confiança — é um *meio para esse fim* —, contanto que esteja se comportando de uma maneira que garanta ou conquiste confiança.[7]

Explicabilidade. Às vezes, a explicabilidade é importante, como vimos no Capítulo 3, porque é necessária para expressar respeito. Este é um caso de considerar uma explicação como expressão de um valor não instrumental. Em outros casos, no entanto, é eticamente permitido não fornecer explicação alguma (por exemplo, em casos de consentimento informado para usar uma caixa preta) ou dar uma explicação apenas porque é útil fazê-lo (por exemplo, em casos de viés de identificação ou por tornar o produto utilizável pelos consumidores).

Embora faça sentido listar "respeito" como um valor e, em alguns casos, preenchê-lo com as condições sob as quais as explicações são necessárias para expressá-lo, não faz muito sentido listar "explicabilidade" como um valor. Afinal, se seu código articula seus valores ou princípios que não se quer violar, mas a explicabilidade é apenas esporadicamente importante, ou terá que viver de acordo com padrões tolos de tornar tudo explicável ou terá que estar em violação de seus princípios declarados sempre que não priorizar racionalmente a explicabilidade para determinado modelo. Em suma, seria tolice incluí-la em uma lista de valores e potencialmente perigoso na medida em que se sacrifica outro objetivo em seu nome desnecessariamente (por exemplo, a precisão quase perfeita de uma IA de diagnóstico de câncer) e também tremendamente ineficiente, porque serão muitas horas de trabalho para explicar algo que não precisa de explicação.

4. Descrevem valores excessivamente abstratos

O quarto problema com a abordagem padrão é o mais significativo: esses princípios não dizem a ninguém *o que fazer*.

Meu exemplo favorito disso é o valor justiça. Está na lista de todos. Ninguém quer uma IA injusta, e é justamente esse o problema. O valor "justiça" é tão amplo que até mesmo a Ku Klux Klan o adota. Pergunte a um membro da Klan: "Ei, você é a favor da justiça? Você valoriza a justiça?" A resposta será: "Mas é claro!" Obviamente, será a acepção dele sobre o que é justo e que difere amplamente do que sua organização considera justo (espera-se). Mas o fato de que todos podem adotá-lo é suficiente para mostrar que esse valor não diz nada sobre o que fazer.

O mesmo pode ser dito da maioria dos outros valores. (O Google, por exemplo, proclama com orgulho que "ser socialmente benéfico" é um de seus princípios éticos de IA. Que benefícios devem ser conferidos a quem, em que medida, por quanto tempo ou com que frequência? Isso é, aos olhos de um especialista em ética, uma ausência presente.) E podemos ver como esses valores são triviais por causa das perguntas que continuam em voga. Vejamos apenas algumas delas:

- O que conta como violação da privacidade?
  - Talvez minha IA reúna uma tonelada de dados de centenas de milhares de pessoas, incluindo Bob, anonimize esses dados e, em seguida, treine um AM de um jeito que Bob nunca saiba como seus dados foram usados. Além disso, ninguém sabe sobre Bob, já que tudo está em um conjunto de dados enorme. Eu violei a privacidade de Bob? E se Bob clicou em "Eu aceito" no banner com link para os Termos e Condições que explica tudo isso em juridiquês? Isso é consentimento, do ponto de vista ético?

- Em design de produtos, como se respeita uma pessoa?
  - Devemos seguir o modelo "o risco é de quem compra" ou "nós apoiamos você"? Isso é presumir que as pessoas são agentes racionais autônomos capazes de livre-arbítrio, mesmo sendo seduzidas? Ou é questão de pensar que algumas escolhas de design de produto criam uma atração que mina a autonomia e, portanto, devemos proibir tais escolhas de design?

- Quando algo é considerado discriminatório?
  - No Capítulo 2, vimos como essa questão é complicada, originando uma série de outras: quando o impacto diferencial entre as subpopulações é eticamente aceitável? Como avaliar qual das várias métricas de justiça é adequada em determinado caso de uso? Como lidar com isso em face da lei antidiscriminação vigente?

Se você quer que seus valores sejam não triviais e orientadores de ação, é preciso mais do que palavras como "justiça", "privacidade" e "respeito".

Conteúdo Melhor Orienta Ações

Queremos integrar os padrões de mitigação de risco ético no desenvolvimento e na implementação de produtos de IA, e precisamos de uma Estrela Guia Ética, um lugar para começar a jornada de aninhamento de padrões éticos nas operações. Normalmente, as pessoas articulam um conjunto de valores como os listados acima e perguntam: "Como operacionalizamos isso?" Então, chegam a um beco sem saída por causa da falta de clareza (os três problemas) e falta de substância (valores excessivamente abstratos). Podemos corrigir isso. Precisamos manter o Conteúdo e a Estrutura separados, nossa ética distinta da não ética e articular nossos valores de maneira concreta.

Vejamos quatro etapas para conseguir exatamente isso.

Passo 1. Declare seus valores pensando em seus pesadelos éticos

Vamos lembrar que estamos empenhados na *mitigação de riscos* éticos de IA. Não estamos, pelo menos não prioritariamente, empenhados na busca de um ideal utópico. Dito isto, às vezes, a melhor defesa é o ataque, e faz sentido articular objetivos de forma positiva: expressamos os valores pelos quais estamos nos esforçando em vez dos desvalores que estamos tentando evitar. Mas é possível articular esses valores à luz dos pesadelos éticos que se deseja evitar.

Os pesadelos éticos são parcialmente orientados pelo setor em que se está, o tipo específico de organização e os tipos de relacionamentos que se precisa ter com os clientes e outras partes interessadas para que as coisas corram bem. Observe três exemplos que ilustram como isso pode acontecer:

> ▸ Caso seja uma organização de assistência médica que, entre outras coisas, usa a IA com o intuito de fazer recomendações de tratamento para médicos e para enfermeiros, e seu pesadelo ético são falsos positivos e falsos negativos generalizados nos exames de doenças (com risco de vida), então seu valor é não causar danos.
>
> ▸ Se é uma empresa de serviços financeiros que usa IA para fornecer recomendações de investimento e um dos seus pesadelos éticos é quando os clientes estão sendo (e se sentindo) enganados, então uma comunicação clara, honesta e abrangente é um dos seus valores.

▶ Se é uma plataforma de mídia social que facilita vários modos de comunicação entre centenas de milhões de pessoas em todo o mundo e um dos seus pesadelos éticos é a propagação de desinformação e mentiras de um modo potencialmente prejudicial à democracia, então comunicar-se com argumentos verdadeiros (e racionais) é um dos seus valores.

Observe como pesadelos específicos trazem à tona valores com uma definição mais concreta, não tão abstratos, como respeito, justiça e transparência. No caso dos serviços financeiros, poderíamos simplesmente ter dito: "Respeitar nossos clientes". Entretanto, *pesadelos éticos envolvendo um desrespeito* colocam as coisas em foco. Esses pesadelos destacam *as maneiras pelas quais* uma organização pode deixar de respeitar alguém. E evidenciando isso, é possível falar mais sobre *o que é respeito* em sua organização. Respeito é, pelo menos em parte, ter comunicação clara, honesta e abrangente sobre as recomendações de alguém. É sobre dizer a verdade, toda a verdade, nada além da verdade.

Passo 2: Explique por que você valoriza o que faz de uma maneira que se conecte à missão ou propósito da sua organização

Se isso não for possível, parece que os objetivos ou os pesadelos éticos são apenas itens incorporados superficialmente a um produto já finalizado. Se toda a sua estratégia de IA e todo o ciclo de vida do produto serão entremeados por padrões de mitigação de risco ético, tudo feito em prol da missão da organização, então é preciso mostrar como seus valores éticos são parte integrante da realização dessa missão. Se não puder fazer isso, os funcionários pensarão que esse esforço é algo bom, mas não necessário, e o programa de ética da IA cairá no esquecimento e os riscos éticos se concretizarão. Agora, falaremos de exemplos que talvez demonstrem como é a integração de sua missão aos valores éticos:

- Somos, acima de tudo, prestadores de assistência médica. Uma das coisas mais sagradas deste planeta nos foi confiada: a vida humana. Mais especificamente, cada um de nossos pacientes confia em nós para cuidar deles da melhor forma possível. Embora a velocidade e a escala sejam importantes, nunca podem custar a diminuição da qualidade do atendimento.
- Somos profissionais em finanças. As pessoas nos entregam seu dinheiro para que possamos proteger e aumentar sua riqueza. Essas pessoas ou seus entes queridos trabalharam duro para ter esse dinheiro, que será usado na escola e na creche de seus filhos, na aposentadoria, em cirurgias que salvam vidas, nas férias em família ou em uma viagem ao redor do mundo que só acontece uma vez na vida. Nossos clientes nos deram controle sobre os meios necessários para viver uma vida que acham que vale a pena viver. Nunca poderemos trair essa confiança. Os clientes nunca devem sentir que pessoas com mais conhecimento do que eles sobre como funciona o complicado mundo das finanças estão tirando vantagem disso. Devemos ser diligentes, não apenas em nossas recomendações de investimento, mas em nossa comunicação com eles sobre essas recomendações.
- Somos uma plataforma que facilita conexões e conversas entre centenas de milhões de pessoas. Às vezes, essa comunicação é maravilhosa, ou pelo menos bem-intencionada. Outras vezes, é propaganda, mentiras e outras trapaças que podem ter consequências desastrosas. Na medida em que possibilitamos essa comunicação, desempenhamos um papel crucial no que as pessoas passam a acreditar sobre o mundo ao seu redor, e isso orienta o que fazem. Não podemos fingir que não temos nada a ver com essas coisas só porque esse discurso não sai de nossas bocas. Estamos

colocando essa comunicação diante das pessoas. É nossa responsabilidade que não sejam mentiras. Não só devemos proteger nossos usuários individuais, como também não desempenharemos o papel na deterioração da sociedade como um todo. Já vimos o que pode acontecer quando a desinformação viraliza, e não podemos tolerar essas consequências.

Passo 3: Conecte seus valores ao que você considera eticamente inadmissível

Uma coisa é dizer que você valoriza algo. Mas, para que tenha substância, essa afirmação deve estar conectada a uma articulação de quais cursos de ação estão descartados. Os valores fornecem, no mínimo, as margens da permissibilidade ética. Você precisa dizer quais são essas margens da forma mais concreta possível. Por exemplo:

- ***Não causar danos.*** Nunca usaremos uma IA para fazer recomendações que não superem consistentemente nossos melhores médicos.
- ***Comunicação clara, honesta e abrangente.*** Sempre nos comunicaremos de maneira clara e simples. Isso significa, por exemplo, que não transmitiremos informações que uma pessoa razoável possa considerar importantes por meio de, por exemplo, documentos longos e repletos de jargão. Garantiremos que as pessoas saibam do que precisam saber no momento mais oportuno para elas, e até as lembraremos dessas informações quando adequado ou em intervalos regulares. Em alguns casos, chegaremos ao ponto de fornecer questionários aos nossos clientes para garantir que entenderam o que dissemos.
- ***Comunicação de afirmações verdadeiras (e racionais).*** Sinalizaremos todos os posts que parecem estar se tornando

virais, ou seja, qualquer postagem compartilhada ou visualizada a uma taxa de x compartilhamentos ou visualizações por minuto. Quando uma postagem é sinalizada, limitaremos a taxa na qual pode ser compartilhada em y compartilhamentos ou em visualizações por minuto, e essa postagem será visualizada por pelo menos duas pessoas para determinar se contém desinformação e, em caso afirmativo, a probabilidade de as pessoas serem enganadas se z por cento dos espectadores desse conteúdo acreditarem nela. Nesse caso, congelaremos o compartilhamento desse conteúdo ou removeremos o post. Além disso, se uma pessoa postar esse conteúdo mais de x vezes por semana, a conta dessa pessoa será desativada por y semanas. Uma segunda violação disso levará a uma proibição por z-anos, e uma terceira levará ao banimento permanente.

Passo 4: Articular como você realizará seus objetivos éticos ou evitará seus pesadelos éticos

Agora que sabemos o que você valoriza, como isso se conecta à sua missão organizacional e quais coisas passam dos limites, é preciso definir como materializar tudo isso. O objetivo aqui não é ser exaustivo, mas, sim, executar a melhor tentativa de articular a estrutura que colocará em prática. Por exemplo:

- ▶ ***Accountability.*** Tomaremos medidas concretas para criar consciência organizacional em torno dessas questões, por exemplo, educando nosso pessoal ao integrar novos funcionários, com seminários, workshops e outras ferramentas educacionais e de aprimoramento. Também atribuiremos responsabilidades específicas por papel, cujo cumprimento é relevante para bônus, aumentos e promoções, a todos os funcionários envolvidos no desenvolvimento, na aquisição ou na implementação de produtos de IA, sejam esses produtos usados internamente ou a serviço de nossos clientes. Um executivo sênior será responsável pelo crescimento do nosso programa de ética em IA, incluindo o acompanhamento do progresso em relação às nossas metas usando KPIs disponíveis publicamente.

- ▶ *Processo de due diligence.* Participaremos sistematicamente de análises de risco ético rigorosas ao longo da produção e aquisição de IA.
- ▶ *Monitoramento.* Acompanharemos os impactos de nossos produtos com o objetivo de descobrir suas consequências não intencionais.

Claro que isso está em um nível bastante alto. Não tratamos do conteúdo das responsabilidades específicas de papéis, qual executivo sênior conduzirá o programa e quais KPIs podem usar para acompanhar o progresso, quem se envolverá com due diligence e com monitoramento etc. Ainda assim, sabemos os tipos de coisas com as quais já estamos comprometidos em linhas gerais.

Agora podemos visualizar um subconjunto de um código de ética de IA das organizações que exemplifiquei. Vamos unir tudo em um exemplo — a empresa financeira.

[Seu valor]: Comunicação clara, honesta e abrangente

- ▶ **Porquê [ter esse valor].** Somos profissionais em finanças. As pessoas nos entregam seu dinheiro para que possamos proteger e aumentar sua riqueza. Essas pessoas ou seus entes queridos trabalharam duro para ter esse dinheiro, que será usado na escola e na creche de seus filhos, na aposentadoria, em cirurgias que salvam vidas, nas férias em família ou em uma viagem ao redor do mundo que só acontece uma vez na vida. Nossos clientes nos deram controle sobre os meios necessários para viver uma vida que acham que vale a pena viver. Nunca poderemos trair essa confiança. Os clientes nunca devem sentir que pessoas com mais conhecimento do que eles sobre como funciona o complicado mundo das finanças estão tirando vantagem disso. Devemos ser diligentes, não apenas em nossas recomendações de investimento, mas em nossa comunicação com eles sobre essas recomendações.

- **O que [fazer porque isso tem valor].** Sempre nos comunicaremos de maneira clara e simples. Isso significa, por exemplo, que não transmitiremos informações que uma pessoa razoável possa considerar importantes por meio de, por exemplo, documentos longos e repletos de jargão. Garantiremos que as pessoas saibam do que precisam saber no momento mais oportuno para elas, e até as lembraremos dessas informações quando adequado ou em intervalos regulares. Em alguns casos, chegaremos ao ponto de fornecer questionários aos nossos clientes para garantir que entenderam o que dissemos.

- **Como [garantir que fará o que disse].** Tomaremos medidas concretas para criar consciência organizacional em torno dessas questões, por exemplo, educando nosso pessoal ao integrar novos funcionários, com seminários, workshops e outras ferramentas educacionais e de aprimoramento. Também atribuiremos responsabilidades específicas por papéis, cujo cumprimento é relevante para bônus, aumentos e promoções, a todos os funcionários envolvidos no desenvolvimento, na aquisição ou na implementação de produtos de IA, sejam esses produtos usados internamente ou a serviço de nossos clientes. Um executivo sênior será responsável pelo crescimento do nosso programa de ética em IA, incluindo o acompanhamento do progresso em relação às nossas metas usando KPIs disponíveis publicamente.

O valor, o "porquê" e "o que" são específicos para o pesadelo ético dessa empresa de serviços financeiros em particular. O "como" não é específico para esse fator, mas é crucial especificar aos stakeholders internos e externos que há razão por trás da forma de alcançar seus objetivos.

Vantagens de Criar Sua Estrela-guia Ética Dessa Forma

Quando seu código ético de IA, princípios, valores, framework, ou como quiser chamar, mergulha profundamente no Conteúdo dessa maneira, são criadas inúmeras vantagens.

Primeiro, metas e estratégias foram definidas, possibilitando falar sobre táticas e, em alguns casos, agir. O Conteúdo foi articulado de maneira que o conecta ao que passa dos limites da ética. E já se tem alguma ideia de como operacionalizar isso. Certamente não é um grande mistério, mas seria, caso se iniciasse com o discurso: "Respeitamos nossos clientes e sempre agimos com integridade". Nesse caso, não há instruções específicas aqui. Mas "sempre nos comunicaremos de maneira clara e simples" lhe dá uma tarefa: antes de se comunicar e ao programar sua IA para passar informações aos seus clientes, verifique se essa informação é clara e simples. Quando fazer isso, e como? Dependerá das particularidades de sua organização e acontecerá quando começarmos a montar a estrutura necessária e personalizada para alcançar seus objetivos éticos. Porém pelo menos agora sabemos o que estamos tentando alcançar.

Na verdade — prepare-se — os KPIs estão começando a tomar forma. Suponha que a empresa tenha um questionário que pergunte a seus usuários finais sobre a clareza e a simplicidade de sua comunicação (embora não use essa linguagem). É possível perguntar aos grupos envolvidos no teste sobre isso. Suponha que use uma IA para verificar o nível de proficiência em leitura necessário para entender o texto.

Tudo isso tem o que as pessoas adoram: números a serem monitorados. E chegamos a eles pensando seriamente sobre o Conteúdo.

Segundo, agora que os valores foram especificados, é possível realizar uma *gap analysis* de onde sua empresa está em relação a onde se quer que esteja. Isso inclui a revisão da infraestrutura, das políticas, dos processos e das pessoas.

Terceiro, se o processo pelo qual esses valores são articulados incluir membros de toda a organização em uma quantidade suficiente — não apenas multifuncionalmente em toda a diretoria, mas também membros mais juniores da organização — se criará consciência organizacional e teremos insights de uma gama diversificada de pessoas, com diferentes conjuntos de habilidades, bases de conhecimento, interesses, experiências e dados demográficos. O importante é: quando se pede ajuda às pessoas, quando essas pessoas são ouvidas e quando alterações são feitas à luz de seus comentários, temos a aceitação *fundamentada*. É muito melhor do que obedecer a um conjunto de princípios ditados do alto do Monte Olimpo. São pessoas que sentem, com razão, que desempenharam um papel na formação desses valores e, portanto, se sentem donas do programa de ética de IA.

Quarto, ao articular o que é eticamente inadmissível e explicar por que é inadmissível, uma ferramenta crucial foi dada às pessoas para pensar sobre os casos eticamente difíceis: em que ponto não está muito claro se alguma decisão, ação ou produto viola os valores éticos de IA da organização. Falaremos mais sobre isso quando discutirmos comitês de ética, mas por enquanto só precisamos saber que explicações de por que algumas coisas são inadmissíveis e por que a organização age de um jeito são úteis para decidir casos em que é difícil discernir a coisa certa a fazer.

Por último, embora este documento possa ser usado internamente como Estrela-guia Ética de IA, também é possível usá-lo como documento público para fins de branding e de relações públicas. Como o código de ética é muito mais específico do que declarações genéricas de valores, tem mais credibilidade. Porém fica o alerta: escrever este documento e compartilhá-lo com sua organização ou com qualquer pessoa fora da organização é um grande compromisso. É uma promessa. Se quebrá-la, não há como dizer quanta confiança você perderá.

Quer se comprometer com essa promessa? Veremos como no próximo capítulo.

Resumo

- Abordagens-padrão para criar Estrelas-guia Éticas de IA sofrem de quatro problemas:
  - Agrupamento de Conteúdo e Estrutura.
  - Agrupamento de valores éticos e não éticos.
  - Agrupamento de valores instrumentais e não instrumentais.
  - Articulação de valores de forma muito abstrata para orientar a ação.

- Uma abordagem melhor consiste em quatro etapas:
  - Etapa 1: Declare seus valores pensando em seus pesadelos éticos, em que ponto esses pesadelos são parcialmente orientados pelo setor em que você está, o tipo específico de sua organização e os tipos de relacionamentos que se precisa ter com os clientes, consumidores e outros stakeholders para que as coisas corram bem.
  - Etapa 2: Explique por que você valoriza o que faz de uma maneira que o conecte à missão ou ao propósito da sua organização.
  - Etapa 3: Conecte seus valores ao que considera eticamente inadmissível.
  - Etapa 4: Articule, em alto nível, como realizará seus objetivos éticos ou evitará seus pesadelos éticos.

- Essa abordagem melhor tem cinco vantagens:
  - Fornece metas e estratégias claramente definidas e de maneira que a determinação dos KPIs não fique distante.

▷ Agora é possível realizar uma *gap analysis* de sua organização à luz desses valores éticos.

▷ Se feito corretamente, toda a organização fornecerá insights, criará consciência organizacional e ganhará adesão organizacional.

▷ Uma ferramenta que o ajudará a pensar nos casos éticos difíceis terá sido criada.

▷ Agora temos um documento confiável para fins de branding e de relações públicas.

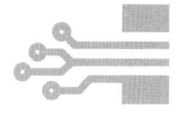

6
Os Executivos Devem Chegar a Essas Conclusões

Um código de ética de IA é um bom começo, a ponta do iceberg.

Toda vez que você encontra um caso de uso para a IA, sua organização enfrenta uma série de questões éticas, incluindo algumas com as quais já estamos familiarizados:

- Quais métricas incompatíveis para viés são eticamente apropriadas?
- Qual é a estratégia de mitigação de viés mais eficaz?
- A explicabilidade é importante? Em caso afirmativo, qual sua importância em relação à precisão?
- As regras que a IA utiliza para transformar entradas em saídas são boas, razoáveis, imparciais e justas?
- Que nível de privacidade devemos buscar?

Questões de risco ético relativas ao viés, à explicabilidade e à privacidade, no entanto, são apenas um subconjunto de todos os riscos éticos e oportunidades que sua organização enfrenta ao usar a IA. Diferentes casos de uso implicam diferentes conjuntos de riscos éticos. Sua organização também enfrentará perguntas como estas:

> ▶ É um fardo que nossos usuários não devem carregar?
> ▶ O modelo de negócios para nossa IA resultará em desigualdade eticamente censurável (riqueza)?
> ▶ A IA incentiva a nós ou a nossos usuários a serem manipuladores?
> ▶ É nossa responsabilidade resolver esse problema? Isso não deveria depender do cliente?
> ▶ Desenvolvemos o modelo para X, mas também é eticamente permissível usá-lo para Y?
> ▶ O uso deste software ao contratar pessoas desrespeita alguém (por exemplo, análise de sentimentos)?
> ▶ Qual o nível de transparência adequado sobre quando e o quanto estamos usando a IA?
> ▶ Precisamos de um humano entre as saídas do modelo e a ação que será feita sobre o usuário-alvo da "decisão" da IA ou a máquina pode ser totalmente automatizada?
> ▶ Existem riscos éticos específicos de IA aos quais precisamos prestar atenção especial, levando em conta nossa indústria e o tipo específico de organização que somos?

Você é um executivo sênior de uma organização que tem ou está prestes a desenvolver, a adquirir e a implementar IA. Até agora, você provavelmente está pensando, *como diabos vamos lidar com todas essas perguntas?* Após refletir e discutir sobre a questão com outros, deve-se chegar às sete conclusões a seguir.

1. É necessário clareza absoluta sobre quais são nossos padrões éticos de IA.
2. Temos que conscientizar nossos cientistas e engenheiros de dados e proprietários de produtos sobre esses problemas. Na verdade, todos em nossa organização que possam desenvolver, adquirir ou implementar IA precisam estar cientes, incluindo RH, marketing, estratégia e assim por diante. Isso exigirá não apenas treinamento, mas também o desenvolvimento de uma cultura na qual esse treinamento seja absorvido.
3. Precisamos fornecer ferramentas às nossas equipes de desenvolvimento de produtos para ajudá-las a pensar sobre os riscos éticos dos produtos em que estão trabalhando. É necessário também processos e práticas claros aos quais as equipes de desenvolvimento de produtos e o pessoal de compras devem aderir.
4. Ao mesmo tempo, devemos perceber que essas questões são complexas e, embora os processos, as práticas e as ferramentas padrão sejam úteis, são apenas a primeira linha de defesa. Para abordar seriamente os riscos éticos, reputacionais, regulatórios e jurídicos, precisamos de especialistas. As equipes de produtos precisam incluí-los ou, mais provavelmente, encaminhar os problemas aos especialistas relevantes.
5. A equipe precisa ser responsabilizada pelo uso dessas ferramentas e pelo cumprimento desses processos, ou sofrerão penalidades que variam em corte de bônus, de promoção e até de demissão. Da mesma forma, precisamos de incentivos financeiros que possibilitem levar a sério essa questão, ou, pelo menos, não provê-los, de modo que haja menos estímulos ao cometimento de riscos éticos.

6. Precisamos fazer tudo isso de modo que possamos rastrear até que ponto a organização está adotando esses novos padrões, e até que ponto o cumprimento deles identifica e mitiga os riscos que esses padrões visam abordar. Precisamos de um programa de risco ético de IA claramente articulado com KPIs.
7. Um membro da diretoria precisa assumir tudo isso. Essa pessoa deve ser responsável por supervisionar a criação, a implementação e a manutenção do nosso programa de risco ético de IA.

Garantir que essas sete conclusões se materializem é *como* você identificará e mitigará os riscos éticos de IA. É o seu programa de risco ético de IA. É a sua Estrutura.

Vamos nos aprofundar em cada uma dessas conclusões. É simples em um nível alto, mas nesses casos, como em outros, o diabo está nos detalhes.

1. Padrões Éticos de IA

Vamos supor que você tenha um código ético de IA criado segundo as recomendações do capítulo anterior; é um documento robusto, que vincula as articulações de seus valores ao que sua organização considera fora dos limites. No entanto, entre "nunca faça isso" e "sempre faça aquilo", há muitos "talvez faça isso". É necessário que sua organização lide com esses problemas de alguma forma. Neste caso, o código de ética, se suficientemente robusto, com certeza é útil. No entanto, é possível avançar significativamente pensando nos casos difíceis antes que aconteçam.

A lei e a ética têm áreas nebulosas. Casos em que algo pode ser legalmente permitido, mas não fica claro, porque existem leis conflitantes, ou quando algo pode ser eticamente permissível, mas não fica óbvio, porque há considerações éticas apontando em direções opostas (por exemplo, os direitos de algumas pessoas versus o bem de muitas). Os princípios da lei ou éticos, por si só, não fornecem orientação clara.

Em ambas as arenas, as deliberações sobre casos difíceis normalmente se baseiam no raciocínio por meio de analogia de outros casos em que já houve algum julgamento razoável. Os advogados dependerão da jurisprudência para enxergar o caminho. Por exemplo, se em um caso a legítima defesa é fundamento jurídico suficiente para matar, como os tribunais determinaram que é, então, sem dúvida, bastará esse paradigma em um caso que seja suficientemente semelhante para fundamentar a mesma conclusão. A Suprema Corte dos Estados Unidos se orienta (idealmente) exatamente dessa maneira; suas deliberações consistem, pelo menos em parte, em considerar a jurisprudência existente, que se destina a ajudar na interpretação e na aplicação adequadas da lei.

Os eticistas realizam as mesmas deliberações. Se você é eticamente obrigado a salvar determinada pessoa em determinada circunstância, então parece que também será eticamente obrigado a salvar outra pessoa em outra circunstância similar; os casos são ligeiramente diferentes, mas suficientemente semelhantes para fundamentar a mesma conclusão.

Quando sua organização está lidando com casos difíceis de risco ético de IA, seria bom recorrer à "jurisprudência ética". Claro que não é possível usar a jurisprudência do direito, já que estamos lidando com riscos éticos de IA, que se sobrepõem, mas não são idênticos aos riscos jurídicos de IA. No entanto, é possível criar a própria jurisprudência ética adaptada não apenas ao seu setor, mas também à sua organização.

Dependendo da forma de execução, os detalhes podem variar, mas em resumo, requer o uso de casos reais enfrentados pela sua organização no passado (ou que outras empresas suficientemente semelhantes enfrentaram) ou de exemplos fictícios que potencialmente podem se tornar reais em um futuro não muito distante. É possível, então, fazer perguntas gerais como "A implementação dessa IA seria compatível com nossos compromissos éticos de IA?" e "O que diríamos a um cliente que nos pedisse para desenvolver essa IA?". Também é possível fazer perguntas mais específicas, como "Neste caso de uso imaginado para esta IA imaginada, qual seria a métrica adequada para justiça?", "Qual a importância da explicabilidade para este produto?" ou "Que nível ético de privacidade devemos procurar alcançar no desenvolvimento desta IA?". Em todos esses casos, é preciso explicar *por que* se chegou à determinada conclusão. É precisamente o tipo de raciocínio e de conclusões que se deve ter na hora H.

Na verdade, começar é muito simples. Quando ajudo os clientes a elaborarem um código de ética de IA, fazemos um exercício no qual os membros da equipe aprovam ou reprovam as várias declarações que lhes apresento. "Nunca venderemos seus dados a terceiros", por exemplo. Ou "Sempre faremos um processo robusto de due diligence ética ao desenvolver nossos modelos" ou ainda "Há certas informações que não coletaremos nem tentaremos inferir sobre nossos assinantes (por exemplo, afiliação política, preferências sexuais etc.)".

Apesar de o consenso ou quase consenso em resposta a muitas das declarações, que por sua vez resulta na inserção delas no Código de Ética de IA, há invariavelmente uma série de declarações com as quais a equipe discorda. "Bem, talvez neste caso", diz um membro, "mas não em outro". Ou "Bem, não tenho certeza do que aconteceria se nosso cliente nos pedisse para fazer isso. Talvez já tenhamos feito. Já não fazemos algo assim?".

Essas declarações geralmente não entram no Código de Ética da IA porque simplesmente são muito controversas. No entanto, em algum momento, essas perguntas difíceis baterão à porta. Por isso, separo as declarações divergentes e trabalho esmiuçando objeções e contraobjeções, esclarecendo conceitos e questões éticas relevantes para que a confusão não reine, definindo o raciocínio exato para uma decisão e assim sucessivamente. Quando terminamos, avançamos bastante na criação da jurisprudência ética dessa organização. É possível perguntar por que não se pode simplesmente aguardar para se envolver com essas deliberações na vida real. Por que não esperar até que a pergunta esteja à sua porta e lidar com ela? Existem duas razões.

Primeiro, há uma diferença entre lidar com as questões difíceis e lidar *bem* com as questões difíceis. Pensar nesses casos de forma eficiente, com a cabeça clara e de forma eficaz é uma *habilidade* que precisa ser desenvolvida. Um músculo a ser exercitado. Perguntar por que não se pode simplesmente esperar até que se enfrente um desafio ético na realidade é como um atleta perguntando por que tem que treinar antes de uma competição.

Segundo, a deliberação ética pode ser comprometida por uma série de razões. Aristóteles observou que nosso vício em prazer e nossa aversão à dor muitas vezes nos levam a pensamentos confusos sobre questões éticas.[1] Concluímos que não devemos fazer X porque é a coisa *errada* a fazer, quando, na verdade, X é a *coisa certa, mas dolorosa*. Nossa aversão à dor leva ao autoengano e a racionalizações. O equivalente corporativo à dor e ao prazer é o lucro e a perda (e, em nível individual, promoções e aumentos), o que confunde nosso pensamento ético. Concluímos que a implementação de uma IA é eticamente permissível mesmo que nossos próprios padrões éticos considerem isso inadmissível. Deixamos um desejo (lucro, bônus, promoção, ou apenas dar conta de um projeto) nos fazer pensar erroneamente que estamos sobre um terreno ético firme.

Quando estamos criando nossa jurisprudência ética, o dinheiro não é prioridade. A intensidade do desejo falada por Aristóteles não está lá para obscurecer nosso julgamento. Podemos refletir nos momentos de lucidez, quando nossos olhos não foram cegados por cifrões exorbitantes. A jurisprudência ética criada por você pode ser usada de várias maneiras por uma variedade de pessoas. Suas equipes de produtos podem usá-la à medida que desenvolvem a IA. Os especialistas (referenciados na quinta conclusão) e executivos seniores (referenciados na sétima conclusão) podem fazer uso dela quando estão lidando com casos difíceis. E as equipes encarregadas de comunicar, treinar e aprimorar seus padrões éticos de IA para a organização como um todo podem usá-la. Quanto mais robusto for seu código de ética de IA e sua jurisprudência ética, mais facilidade e mais eficiência você terá na visualização da Estrela-guia Ética de sua organização, bem como ao se orientar por ela.

2. Consciência Organizacional

Muitos executivos assumem que a ética de IA é coisa para os especialistas em tecnologia. Já desconstruímos essa noção; os riscos éticos de IA não admitem soluções técnicas. Outra suposição comum é que a ética de IA é realmente apenas *para* especialistas em tecnologia e *para* equipes de produtos em geral. Não é uma questão de RH, ou de marketing, ou de qualquer outro departamento. Precisamos desconstruir isso também.

Falei reiteradamente que os riscos éticos de IA que ameaçam sua organização são resultado do desenvolvimento e da *aquisição* de IA. Quem adquire IA? Cada vez mais, todos os departamentos da sua organização. Por exemplo, há um crescimento exponencial de fornecedores de IA no RH, e seus representantes de vendas estão inundando de e-mails as caixas de entrada dos profissionais de RH neste exato momento. O mesmo vale para a publicidade e para o marketing. A proliferação geral da IA significa que ela é aplicada a todos os setores e departamentos de uma organização.

Seu chefe de RH sabe que a IA de contratação da Amazon é enviesada? Sabe como isso aconteceu? Sabe como o viés pode se infiltrar em uma IA? Conhece as implicações éticas, reputacionais e jurídicas do uso de IA enviesada? Seu diretor médico sabe que a IA da Optum recomendou prestar mais atenção aos pacientes brancos do que aos negros mais doentes? Seus médicos e enfermeiros sabem? Sua agência de publicidade sabe que a IA do Facebook anunciava casas à venda para pessoas brancas e casas para aluguel para pessoas negras?

Eles precisam saber disso, e mais. Precisam entender os riscos potenciais incorporados à solução proposta por um fornecedor. Se não souberem, não farão as perguntas certas durante a due diligence. Os usuários do software implementado não saberão identificar resultados inaceitáveis de uma determinada faixa. Seu chefe de compras passará pelo inferno testemunhando em audiência quando lhe perguntarem como sua organização examina os riscos de IA bem documentados e amplamente divulgados. A ética de IA não se resume às ações das equipes de produtos. À medida que a IA se integra em todas as facetas de uma organização, o pessoal nessas facetas precisa estar ciente dessas novas fontes de risco ético. Isso exigirá uma boa dose de educação e de qualificação. Também exigirá novos processos pelos quais o software do fornecedor é examinado pelo pessoal adequado. Se o departamento de RH não tiver essa capacidade interna, terá que trabalhar com outros departamentos que tenham.

3. Equipes, Ferramentas e Processos

Suas equipes de desenvolvimento de produtos precisam não apenas de conhecimento sobre os problemas e como, em princípio, podem abordá-los, mas também de ferramentas e processos concretos para realizar diligentemente a identificação e a mitigação ética de riscos. Precisam se envolver em "ética da IA por design". Há muito a dizer aqui, o tema merece seu próprio capítulo... Logo após este.

4. Supervisão Especializada

Não obstante o próximo capítulo sobre ferramentas e processos para equipes de produtos, devo enfatizar que seria imprudente e injusto passar o ônus de identificar e de mitigar os riscos éticos de IA aos cientistas e engenheiros de dados e designers de produtos ou proprietários.

É imprudente apostar a reputação de sua marca na eficácia dessas ferramentas e em sua equipe de tecnologia ou design para manejá-las com o mínimo de habilidade. Tenha em mente que um dos grandes atrativos da IA é a rapidez com que é escalada; ela foi *criada* para fazer grandes coisas. Isso significa que, quando se tem uma questão ética, nunca será um pequeno contratempo pontual. Discrimina-se em escala. Aplica-se regras injustas em escala. Viola-se a privacidade em grande escala, e assim por diante. Dada a complexidade e a dificuldade das questões éticas que precisam ser defendidas — algumas das quais são destacadas no início deste capítulo —, é negligente colocar o fardo sobre os ombros de pessoas que não têm experiência em ética.

Por razões semelhantes, é injusto esperar que cientistas e engenheiros de dados e proprietários de produtos façam um trabalho no qual não têm conhecimento profundo; eles não podem tomar decisões sobre questões éticas, sociais e políticas complexas, envolvendo riscos reputacionais, regulatórios e jurídicos, pois não estão preparados para lidar com elas nem poderão se preparar em curto (ou até mesmo longo) prazo.

Vejamos um exemplo útil relacionado à assistência médica. Após experimentos eticamente horríveis — como os de Tuskegee, que talvez sejam os mais absurdos, nos quais médicos retiravam a penicilina dos negros portadores de sífilis para que pudessem observar a progressão absoluta da doença —, a indústria percebeu que precisava de padrões éticos incorporados em suas operações, tanto na pesquisa quanto na forma de tratar os pacientes. O primeiro avanço importante na direção certa foi o *Relatório Belmont*, que articulava os padrões éticos pelos quais a indústria deveria se pautar e cujos princípios são grandiosos até hoje: justiça, respeito pelas pessoas e beneficência. O segundo avanço importante foi educar pesquisadores médicos e profissionais sobre os padrões éticos. Códigos de conduta foram desenvolvidos, assim como vários processos para garantir que os pacientes fossem respeitados, por exemplo, exigindo consentimento informado antes de administrar o tratamento. E terceiro, os pesquisadores médicos foram obrigados, por regulamentos, a obter a aprovação do conselho de revisão institucional (IRB). A ideia era clara: embora ter pesquisadores bem-intencionados e educados seja ótimo, não é suficiente. Para garantir identificação e mitigação abrangentes dos riscos éticos, os pesquisadores precisam consultar os especialistas apropriados, tanto por sua independência da equipe de pesquisa quanto por sua capacidade de analisar o que os pesquisadores não são capazes.

A ideia de que pesquisadores e profissionais de IA podem identificar e mitigar de forma abrangente e sistemática os riscos éticos usando um conjunto de ferramentas e processos de uma maneira que pesquisadores e profissionais médicos não podem é, de plano, absurda. É necessário os especialistas certos para supervisão adequada. Na verdade, se você voltar às nove Estruturas das Lições de Conteúdo nos Capítulos 2 a 4, perceberá que *cada uma delas envolve trazer os especialistas certos*.

Estrutura a partir das Lições de Conteúdo

Ao abordar os três grandes desafios da IA ética, surgem lições sobre como estruturar sua abordagem do Conteúdo desses desafios. Nos Capítulos 2 a 4, identificamos nove dessas lições.

Lições Focadas no Viés

- ▶ Deve haver um indivíduo ou conjunto de indivíduos com experiência que determinem quais métricas de justiça são apropriadas para o caso de uso específico.

- É preciso um indivíduo ou conjunto de indivíduos que tenham a experiência relevante para escolher estratégias de mitigação de viés.
- Identificar e mitigar vieses de seus modelos deve começar antes de treinar seu modelo e, idealmente, antes de definir seus conjuntos de dados de treinamento.
- Deve-se incluir um advogado ao determinar técnicas de mitigação de viés.

Lições Focadas na Explicabilidade

- Precisa-se das pessoas certas para determinar se as explicações de pessoa ou de máquina são importantes para determinado caso de uso.
- Nos casos em que é importante articular as regras de como as entradas são transformadas em saídas, devem-se ter pessoas com experiência ética e jurídica para avaliar a justiça das regras.
- Consulte os usuários finais do software de IA para determinar se uma explicação é necessária e sua qualidade de acordo com a base de conhecimento, habilidades e propósitos desses usuários.

Lições Focadas na Privacidade

- Antes de começar a coletar dados para treinar sua IA, determine qual nível ético de privacidade é apropriado para o caso de uso.
- Deve haver um indivíduo ou conjunto de indivíduos que possam tomar decisões responsáveis e orientadas por especialistas quando os valores éticos entram em conflito.

Qualquer organização que leva a sério os riscos éticos de IA precisa de algo que desempenhe um papel semelhante ao de um conselho de revisão institucional (IRB). Podemos chamá-lo de IRB de IA, ou Comitê de Ética de IA, ou Conselho de Risco de IA — o nome pouco importa, o importante é determinar seu papel e poderes. Além disso, esse conselho pode ser uma nova entidade dentro de sua organização ou um conjunto de responsabilidades conferidas a um órgão existente e, dependendo do tamanho da organização, pode-se ter mais de um. Em alto nível, sua função é simples: desempenhar o papel de supervisão na identificação e na mitigação sistemática e abrangente dos riscos éticos dos produtos de IA, que são desenvolvidos internamente e adquiridos de fornecedores terceirizados. Mais especificamente, quando as equipes de produtos e aquisições apresentam uma proposta de solução ao Comitê de Ética em IA (doravante CEIA), a responsabilidade do comitê é:

1. Recomendar não prosseguir com o desenvolvimento ou com a aquisição da solução.
2. Validar que não há riscos éticos relativos à solução que justifiquem a cessação do processo de desenvolvimento ou de aquisição.
3. Recomendar alterações de características à solução proposta que, se adotadas, levariam ao segundo julgamento em uma nova revisão.

Esse processo viabiliza a supervisão e a auditoria, já que o CEIA deve documentar todos os casos que lhe são apresentados, incluindo um registro de suas recomendações. Quanto a como decidir sobre 1, 2 ou 3, o CEIA deve se nortear por seu código de ética de IA e por sua jurisprudência ética de IA. Na verdade, uma das responsabilidades do CEIA pode ser a criação dessa jurisprudência ética.

Criar um CEIA exigirá uma série de decisões, nenhuma mais importante do que quem deve ser membro do comitê e qual deve ser sua jurisdição.

Membros

Um CEIA requer uma equipe diversificada de especialistas. É necessário um cientista de dados que entenda os fundamentos técnicos da pesquisa ou do produto para que o comitê possa compreender o que está sendo feito e o que pode ser executado de uma perspectiva técnica. Da mesma forma, é importante ter alguém profundamente familiarizado com o design do produto, que fale a linguagem dos desenvolvedores de produtos, entenda as jornadas do cliente e possa ajudar a moldar estratégias éticas de mitigação de riscos de modo que não prejudique as funcionalidades essenciais dos produtos em consideração. Também será preciso ter membros éticos adjacentes, como advogados e agentes de privacidade. Seu conhecimento da legislação vigente e futura, da lei antidiscriminação e das práticas de privacidade são pontos importantes a se observar ao examinar riscos éticos.

Visto que o CEIA tem como papel a identificação e a mitigação de riscos *éticos*, seria sensato incluir um especialista em ética, ou seja, alguém com doutorado em filosofia e com especialização em ética ou, digamos, alguém com mestrado em ética médica. O papel do especialista em ética não é se comportar como uma espécie de padre com visões éticas superiores. Como tem formação, conhecimento e experiência relacionados à compreensão e à detecção de uma vasta gama de riscos éticos, além de estar familiarizado com conceitos e distinções importantes, esse profissional pode ajudar na deliberação ética clara e pode auxiliar grupos de pessoas a avaliarem questões éticas de forma objetiva. Na prática, ao ler este livro, você foi guiado por uma pessoa com PhD em filosofia (apesar de minha mãe preferir chamar de MD) através da ética da IA, que tenta mostrar os tipos de riscos, como surgem, algumas distinções importantes para ajudá-lo em suas deliberações éticas e assim por diante.

Inclua também vários especialistas no assunto, dependendo da pesquisa ou do produto. Se o produto for implementado em universidades, alguém profundamente familiarizado com suas operações, objetivos e constituintes deve ser incluído. Se o produto for implementado no Japão, um especialista em cultura japonesa pode ser importante.

Por último, como parte de um esforço para manter a independência e a ausência de conflito de interesses (por exemplo, membros que procuram a aprovação de seus chefes), tenha pelo menos um membro não afiliado à sua organização (o que é, inclusive, necessário para IRBs médicos). Ao mesmo tempo, todos os membros devem ter uma noção dos objetivos e das necessidades do negócio.

Jurisdição

Quando suas equipes de produtos devem consultar um CEIA e quanto poder esse órgão deve ter?

Embora os riscos éticos de IA sejam percebidos durante a implementação, e não na pesquisa e no desenvolvimento de produtos, o CEIA deve ser consultado antes do início da pesquisa ou do desenvolvimento do produto. A principal justificativa para isso foi revelada nos capítulos sobre viés, explicabilidade e privacidade, e explicitada nas Estrutura das Lições de Conteúdo 3, 5 e 8. Outra razão forte e mais pragmática é que é muito mais fácil — e, portanto, mais barato e eficiente — mudar projetos e produtos que ainda não existem. Por exemplo, se apenas um risco ético significativo decorrente de uma possível ou provável consequência não intencional de design for percebido, ou o mercado terá um produto que a organização sabe ser eticamente arriscado ou teremos que refazer todo o processo dispendioso de reengenharia.

Agora vejamos as decisões especialmente significativas. Preciso enfatizar com vigor sua importância.

1. As equipes de desenvolvimento e de aquisição de produtos *são obrigadas* a consultar o CEIA ou isso é meramente recomendado?
2. As decisões do CEIA são *requisitos* que as equipes de produto e de aquisição devem necessariamente seguir à risca ou são apenas recomendativas? E, se exigidas, um executivo sênior pode *vetá-las* mesmo assim?

Qual seu grau de seriedade no que diz respeito à identificação e à mitigação de riscos éticos? É um aspecto meramente útil ou estritamente necessário? Qual o nível de sua preocupação em proteger as pessoas e a reputação da sua marca? Essas decisões revelam suas respostas. Vejamos as possibilidades. [Vide Tabela 6-1.]

Na tabela, as elipses pretas indicam alto risco. Se consultar o CEIA for mera recomendação, um subconjunto (provavelmente pequeno) de suas equipes o usará. E apenas um subconjunto desse subconjunto realmente acatará suas recomendações. O resultado? A permanência de muitos riscos. E no cenário muito estranho em que não se exige que as equipes consultem o CEIA, mas suas decisões são requisitos, ninguém o consultará por estar passível a reprimendas.

TABELA 6-1.

Riscos, autoridade e seu comitê de ética

	As decisões do CEIA são requisitos	As decisões do CEIA são recomendações
Consultar o CEIA é necessário	⚪ (Risco baixo)	🔘 (Risco médio)
Consultar o CEIA é recomendado	⚫ (Risco alto)	⚫ (Risco alto)

Legenda
◯ = Risco baixo
🔘 = Risco médio
⚫ = Risco alto

As coisas ficam um pouco melhores se todos forem obrigados a consultar o CEIA, mas suas decisões são recomendativas. Para algumas equipes, conhecer alguns riscos até então desconhecidos será motivação suficiente para fazer as alterações apropriadas no produto. Todavia, as equipes apaixonadas por sua ideia, ou que acham que o CEIA está exagerando, ou que todas essas questões éticas são um absurdo, seguirão como se nunca o tivessem consultado. Claro que isso é arriscado, pois a conduta da equipe de desafiar deliberadamente as recomendações do CEIA será documentada, demonstrando que ainda há muitas pessoas dispostas a correr riscos.

Dito isso, é imprescindível criar um CEIA que as equipes de produtos e de aquisições sejam obrigadas a consultar e cujas decisões sejam requisitos. Como é muito poder, é possível que isso impacte significativamente os negócios. No entanto, há pelo menos uma forte razão para considerar conceder voluntariamente esse grau de poder ao CEIA: é uma ferramenta que constrói grande confiança entre funcionários, clientes, consumidores e outros stakeholders, como agências reguladoras estatais. Isso é importantíssimo se sua organização for transparente sobre as operações — mesmo que não sejam exatamente as decisões — do comitê. Se a prioridade dos valores de sua empresa é ser uma empresa eticamente sólida, conceder a independência e o poder de vetar propostas a um CEIA é uma boa ideia.

As empresas que não estão prontas para conceder esse tipo de poder a um comitê interno, mesmo que comprometidas com a mitigação de riscos éticos de IA, podem encontrar uma espécie de meio-termo: permitir que o CEIA seja regulado por um executivo sênior, provavelmente alguém da diretoria executiva. Isso permitiria que as organizações assumissem riscos éticos quando achassem que *realmente* vale a pena, mas a palavra final seria sempre do CEIA.

Isso seria para aqueles que estão convencidos de que o CEIA deve ser opção. Para aqueles que pensam que não vale a pena o trabalho ou que é desnecessário criar um comitê, pode-se esperar que os problemas ocorram regularmente, inclusive atraindo muitas oportunidades de conflitos de interesse (por exemplo, entre os objetivos de carreira de curto prazo de quem desenvolve ou adquire produtos e o bem-estar da marca da organização em longo prazo), inconsistências intra e entre diferentes departamentos e maior probabilidade de falha na identificação de riscos éticos de IA.

5. Accountability

É imperativo que se atribua responsabilidades específicas de papéis destinados a identificar e a mitigar os riscos éticos de IA, dentre eles, coletores de dados, cientistas e engenheiros de dados, proprietários de produtos e muito mais. E assim como as responsabilidades atribuídas a um papel em qualquer outra circunstância, o não cumprimento dessas responsabilidades deve ser levado a sério. As equipes de produtos podem facilmente desconsiderar a importância de aderir fiel e sinceramente aos processos exigidos deles se desrespeitá-los tiver impacto financeiro zero.

Consideráveis evidências empíricas indicam que as organizações que negligenciam financeiramente os riscos éticos acabam por enfrentar esses mesmos riscos. A Wells Fargo, por exemplo, em um caso célebre, incentivou seus funcionários a criar contas fictícias; a estrutura de incentivos tornou esse lapso ético provável.[2] Além disso, se os membros da sua equipe de produtos, que aderem às práticas éticas, ficarem em desvantagem competitiva em relação a seus colegas que ignoram os processos éticos, em termos de bônus, aumentos salariais e promoções, é provável que comprometam os próprios padrões.

Por outro lado, reconhecer com regularidade, tanto no plano informal (por exemplo, chamados em reuniões) quanto no formal (por exemplo, promoções), a adoção e divulgação sinceras dos padrões éticos de IA de sua organização aumentará muito a probabilidade de adoção contínua e até mesmo a melhoria do sistema, pois os funcionários ansiosos veem que melhorar o sistema não é apenas uma recompensa em si.

Defender os padrões éticos de IA articulados em seu código ético de IA e em sua jurisprudência ética, manifestados nas ferramentas fornecidas às suas equipes de produtos e nos processos pelos quais devem desenvolver, adquirir e implementar IA, deve aparecer em avaliações trimestrais ou anuais, incentivos informais e, finalmente, na maneira pela qual se remunera sua equipe.

6. Um Programa de Risco Ético de IA com KPIs

É necessário criar um programa de risco ético de IA que seja escalado e mantido de forma mensurável. Seu CEIA pode assumir a liderança dele com a supervisão de um executivo sênior.

Saiba discernir entre (1) até que ponto a organização está adotando ou cumprindo essas novas normas e (2) até que ponto o cumprimento dessas normas mitiga suficientemente o risco. O primeiro se alinha com programas de compliance e com riscos conhecidos. Por exemplo, suas equipes de compliance podem mensurar o percentual de propostas de produtos rejeitadas ou aceitas pelo CEIA, podem calcular a média de revisões à luz das recomendações do CEIA, o número de funcionários que sofreram ações disciplinares por desrespeitar o programa de ética de IA, a amplitude e a qualidade da compreensão dos padrões em toda a organização e assim por diante. Se bem escritas, as políticas passam a incluir a articulação de como se dá sua implementação bem-sucedida e como mensurar e acompanhar o progresso.

O segundo normalmente faz com que as pessoas patinem. Elas querem saber se estão *realmente* alcançando seus objetivos éticos ou evitando seus pesadelos. "Mas quais são os KPIs para justiça, respeito e privacidade?", pergunta-se rotineiramente. Não tendo ideia de como medir essas coisas, elas ficam perplexas.

Já vimos por que isso acontece: esses termos são tão abstratos e de tão alto nível que não é de se admirar que não possamos simplesmente afirmar que "os defendemos" para depois mensurá-los. Por outro lado, se há um código ético de IA e uma jurisprudência ética de IA robustos, haverá material a ser medido.

Se você se comprometeu a nunca ficar abaixo do nível três de privacidade, conforme descrito no Capítulo 4, poderá mensurar a porcentagem de produtos que ficam abaixo desse nível e acompanhar seu progresso ao longo do tempo. Caso tenha se comprometido em tornar todos os produtos de AM voltados para o consumidor, que distribuem um bem ou serviço, explicáveis, de modo que o consumidor médio possa entender, é possível medi-los e testá-los rotineiramente. Se quiser garantir que seu compromisso com a inclusão se manifeste na forma como aborda a mitigação do viés de AM, é possível testar as classificações de aprovação de suas métricas escolhidas com os stakeholders relevantes e assim sucessivamente.

Sua Estrutura ficará mais clara e fácil de mensurar *se tomar muito cuidado ao determinar e articular seu Conteúdo*. Se o seu Conteúdo é vago e aberto, terá dificuldade em acompanhá-lo e medi-lo. Se é detalhado e esclarecedor, tudo ocorre naturalmente.

7. Propriedade Executiva

Criar um programa de risco ético de IA requer mudanças organizacionais e culturais. Caso crie um CEIA com poder efetivo, se suas equipes de produtos usarão novas ferramentas e se comprometerão com novos processos, se indivíduos e equipes serão responsabilizados pelo cumprimento de seu programa de risco ético de IA, se o treinamento deve ser levado a sério, se suas equipes serão avaliadas, pelo menos em parte, por seu desempenho medido por vários KPIs, então um executivo sênior, idealmente na diretoria, precisa assumir isso. Não pode ser uma abordagem *bottom-up*. No máximo, a base (*bottom*) pode encabeçar atividades que incentivem a liderança sênior a levar isso a sério, mas a adoção sistemática e abrangente de estratégias de risco ético de IA vem e é sustentada de cima (*up*). Na medida em que são encarregados de proteger o valor de longo prazo da organização, o conselho de administração de qualquer organização que desenvolva, adquira e implemente IA seria negligente em não garantir que um executivo sênior esteja liderando a investida.

Isso pode ser óbvio, mas a princípio, na prática, não é assim. Sempre tenho que contra-argumentar o instinto inicial de meus clientes: dar as rédeas do programa de ética de IA a uma pessoa sênior da equipe de produtos que não está na diretoria. A ideia é razoável: "Como não queremos que nossos produtos de IA sejam eticamente arriscados, vamos garantir que as equipes de produtos assumam o programa." E se não for uma pessoa sênior de produto, será um engenheiro sênior. "Nosso chefe de produto não é engenheiro ou cientista de dados, e temos muitas questões técnicas. Vamos passar esse programa para os líderes de engenharia."

A lógica por trás desses pensamentos faz sentido. "Quando os produtos de IA dão eticamente errado, isso é ruim, e por isso precisamos de pessoas próximas ao produto que assumam o programa." Mas essas pessoas — a menos que estejamos falando sobre o diretor de produto ou de dados, de análise ou de IA — não têm o poder de liderar um programa que promova a mudança organizacional que um programa de ética de IA exige. Elas não têm, por exemplo, nenhuma influência nos departamentos de marketing e de RH que estão adquirindo IA de fornecedores.

Então, sim, de certa forma, o fato de que é preciso que executivos se tornem proprietários do programa é óbvio. Mas essa obviedade tende a diminuir quando a operacionalização se torna real; não deixe isso acontecer.

Resumo

- Os riscos éticos de IA são muitos e variados. Os três grandes desafios — viés, explicabilidade e privacidade — parecem grandes, mas muitos riscos éticos resultam de casos de uso específico. Os líderes seniores são responsáveis por criar, escalar e manter um programa de risco ético de IA que aborde esses riscos de forma abrangente, sistemática e cuidadosa.

- Criar a jurisprudência ética de IA da sua organização é uma ferramenta extremamente poderosa para articular os padrões éticos de IA da organização e comunicá-los aos stakeholders relevantes, incluindo, especialmente, desenvolvedores de produtos e comitês de ética.

- Os riscos éticos de IA não são apenas um problema de produto ou técnico — são de qualquer pessoa na organização que adquira e use ferramentas de aprendizado de máquina.

- Seria imprudente e injusto cobrar dos cientistas e engenheiros de dados e desenvolvedores ou proprietários de produtos a responsabilidade primária de identificar e de mitigar os riscos éticos dos produtos. É necessária a supervisão de especialistas, mais obviamente na forma de um comitê de ética em IA. O grau de poder que se escolhe conceder ao CEIA é uma decisão extremamente importante que define o tom e a eficácia do seu programa de risco ético de IA.

- Todas as partes devem ser responsabilizadas — com incentivos e desincentivos — pelo cumprimento do programa de risco ético de IA.

- As equipes de risco e compliance sabem bem como definir KPIs adequados para conformidade com políticas e processos. Mas definir KPIs para seu desempenho ético real — pelas luzes de seus próprios padrões éticos em conjunto com os padrões regulatórios e jurídicos existentes — decorre da profundidade da articulação de seus padrões éticos de IA em seu código ético de IA e em sua jurisprudência ética de IA. Quanto maior sua qualidade, maior será a qualidade dos KPIs para seu desempenho ético.

▶ O entusiasmo de pessoas juniores sobre a ética da IA é maravilhoso, mas não existe um programa de risco ético de IA viável e robusto sem liderança e propriedade vinda de cima.

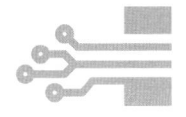

7
Ética de IA para Desenvolvedores

A linha-padrão na ética de IA é que as equipes de produtos — incluindo gerentes ou proprietários de produtos, cientistas e engenheiros de dados e designers — precisam de "ferramentas" para pensar sobre os riscos éticos de seus produtos. (Coloco a palavra "ferramentas" entre aspas porque é um termo usado o tempo todo e engloba tantos tipos de coisas — de listas de perguntas com respostas qualitativas, análises quantitativas ou matemáticas a listas de supostas melhores práticas éticas — que é quase sem sentido.) Esta é uma ideia razoável e, no geral, verdadeira. Todavia, quando desvinculada de um contexto maior, também é enganosa.

Se as equipes não estiverem interessadas em usá-las (você não tem a adesão delas), essas ferramentas não se encaixam em seu fluxo de trabalho (não estão incorporadas no processo da maneira correta ou não foram personalizadas para atender às suas necessidades), ou não há incentivo organizacional para usá-las (não há responsabilidades específicas por papel em relação a quem usa as ferramentas, não há accountability). Ou seja, não adianta despejar todas as ferramentas em suas equipes, não fará diferença. Em outras palavras, ignore as conclusões do último capítulo, pois as ferramentas não poderão ajudá-lo.

Além disso, assume-se que essas ferramentas são eficazes na criação de uma equipe que possa fazer o trabalho exigido. É como me dar uma motosserra, um martelo e pregos e me dizer para construir uma casa; não vai ficar nada bom. Nem sequer será funcional. As ferramentas são utilizadas de modo eficiente e eficaz quando seus usuários estão munidos com os conceitos, conhecimentos e treinamento necessários. Este capítulo fornece esse *background*. E é importante não apenas para aqueles na área de desenvolvimento, mas também para quem supervisiona as equipes, incluindo CEIA e executivos seniores.

Primeiro, Três Maneiras de Mudar o Foco de uma Equipe de Produtos

Vamos começar mudando ligeiramente seu foco. Com base na minha experiência trabalhando com empresas, identifiquei três áreas que elas não entendem muito bem. Um leve ajuste aumentará as chances de sucesso ao implementar um programa de ética de IA.

Primeiro, as equipes de produtos — que dizem que fazem "ética por design" — muitas vezes pensam que devem enxergar a ética de IA por meio das "lentes" das teorias morais encontradas na filosofia, o que é uma visão limitada da análise ética. Em vez disso, as empresas podem e devem pensar sobre esse tópico de forma muito mais prática e rigorosa.

Segundo, as equipes de produtos, se pensam em ética, pensam principalmente em termos de evitar causar dano às pessoas. Eu reformularia isso para enfatizar a importância de *não prejudicar as pessoas*.

Terceiro, as empresas fingem, ou realmente acreditam, que não existem eticistas, ou que são apenas criaturas acadêmicas sem experiência no mundo real. Está errado. A expertise é importante.

Trataremos cada um desses itens por partes.

1. Não apele para teorias éticas

Ouço com frequência que os desenvolvedores de IA devem considerar várias teorias éticas ou morais para ajudá-los na identificação de riscos éticos: "Vamos pensar nisso pela lente do utilitarismo." "Considere uma perspectiva kantiana." Ou OQAF: "O que Aristóteles faria?"

Esta é uma maneira terrível de construir uma IA eticamente sólida.

Quando as pessoas pensam sobre teorias morais, geralmente estão pensando em três escolas de ética (acadêmica) que querem nos dizer, grosseiramente, quais coisas são boas ou ruins, certas ou erradas, e por quê. Resumidamente, as três escolas são:

O consequencialismo — do qual o utilitarismo é um exemplo — elenca que a coisa certa a fazer é a que traz as melhores consequências em geral.

A deontologia — da qual a teoria de Immanuel Kant é um exemplo — estipula que um ato é certo ou errado independentemente de suas consequências. Em vez disso, é certo ou errado, dependendo de sua conformidade (ou falta dela) a um conjunto de princípios; se quebrar as regras, você fez algo errado, mesmo que tudo acabe bem.

A ética da virtude — da qual a visão de Aristóteles é um exemplo — afirma que a coisa certa a se fazer é aquilo que a pessoa virtuosa faz. A pessoa corajosa (ou generosa, ou gentil etc.) faria isso? É o certo. Se não, está errado.

Essas teorias têm preponderância intelectual impressionante e influente. Quase todo professor de filosofia que trabalha com ética as conhece além da superfície. Porém, novamente, recorrer a elas para seus produtos é uma ideia terrível.

Primeiro, não são "perspectivas" ou "lentes". São teorias morais incompatíveis. Se você acha que um ato é certo em virtude de suas consequências, não é um deontologista. Se acha que um ato pode estar certo independentemente de suas consequências, não é um utilitarista. Assim, a ideia de que pegar seu problema ético, polvilhar um pouco de utilitarismo e kantianismo nele (talvez com uma pitada de ética da virtude) e chegar a uma conclusão embasada é fundamentalmente equivocada.

Segundo, pessoas diferentes em uma determinada equipe terão visões diferentes sobre qual teoria moral é a mais plausível (e muitas pessoas na equipe não terão motivação suficiente para começar a formar uma opinião). Como se está tentando progredir na identificação de riscos éticos para que seja possível progredir no desenvolvimento de produtos, fazer uma pausa para se envolver em discussões sobre teorias morais é uma distração (fascinante, na minha opinião, mas, admito, não muito valiosa neste contexto).

Terceiro, mesmo que se faça uma pausa para discutir a plausibilidade dessas teorias e todos concordem que, digamos, o utilitarismo é a bola da vez, agora será preciso decidir qual das dezenas de variedades incompatíveis de utilitarismo deve ser seguida.

Quarto, essas teorias são destinadas a explicar quais coisas estão certas ou erradas e por quê. Não se destinam, pelo menos primordialmente, a serem utilizadas como procedimentos de tomada de decisão. A física newtoniana é uma teoria verdadeira de como objetos de tamanho médio operam na Terra, mas não seria aconselhável consultar seus axiomas enquanto joga beisebol.

Quinto, na identificação de riscos éticos no desenvolvimento de produtos, procura-se lugares onde se concorda que algo é arriscado. Não é necessário concordar com a teoria que explica por que isso é eticamente arriscado. Por exemplo, você e seu colega podem pensar que discriminar sistematicamente pessoas não brancas na contratação está errado. Um de vocês pode pensar isso por razões geralmente utilitárias, enquanto o outro pensa por razões deontológicas. Quem se importa? O que importa para o caso em questão é que ambos pensam que este é um risco ético que precisa ser mitigado e, em seguida, pode-se começar a trabalhar de forma colaborativa identificando e executando estratégias de mitigação de risco.

Sexto, as teorias morais podem facilmente servir para racionalizar conclusões éticas já alcançadas pelas pessoas. As teorias podem ser usadas para servir aos interesses pessoais de cada um em vez de orientar quais devem ser esses interesses.

Sétimo, o trabalho de especialistas em ética em que casos concretos são discutidos — por exemplo, na literatura da ética médica que orientou leis, regulamentos e políticas — nunca se dá por meio da "aplicação" mambembe de uma teoria moral. O raciocínio ético, assim como o jurídico, é muito mais sutil do que isso, e muitas vezes procede por meio de raciocínio analógico, como vimos em nossa discussão sobre a jurisprudência ética.

2. Foque os erros

Outra abordagem para a análise de risco ético entre as equipes de produtos é falar sobre "dano". "Devemos garantir que não causaremos dano às pessoas", "Devemos levar em conta os stakeholders que podem ser lesados" e "Considere as maneiras pelas quais as pessoas podem ser lesadas por este produto". É um pensamento razoável. Mas pensar principalmente em termos de dano e seu contrário, benefício, incentiva certa maneira de pensar, nem sempre é útil no contexto da identificação ética de riscos.

Há uma diferença entre causar dano e prejudicar, e podemos ver isso de duas maneiras: podemos prejudicar as pessoas sem causar dano e causar dano sem prejudicá-las.

Você pode prejudicar alguém de várias maneiras, incluindo (mas não limitado a) quebrar uma promessa que fez, negando acesso a vários bens e serviços ao qual tem direito, deixando de pagar uma dívida, deixando de ajudá-lo quando está em extrema necessidade e custa pouco ou nada para socorrê-lo, negando o devido processo legal e agredindo-o fisicamente.

Pode-se argumentar que todas essas são formas de causar dano, mas isso apenas comprometeria a clareza conceitual e, portanto, deliberativas. Talvez eu tenha quebrado uma promessa que fiz, mas você não se importa, porque nunca quis o que prometi. Ou deixei de pagar um empréstimo, mas agora você é tão rico que nem vai sentir a diferença se eu pagar ou não. Talvez eu negue uma promoção merecida, mas não faria diferença para você, pois seus planos já eram de não aceitar. Ou talvez não lhe ofereçam um emprego por ser negro ou mulher, mas, se não tivesse sido discriminado, você não teria conseguido a vaga por não ter treinamento ou experiência necessária; você foi prejudicado, mas mesmo que não tivesse sido estaria exatamente no mesmo ponto (ou seja, desempregado). Todos os casos são exemplos de como podemos prejudicar pessoas sem causar dano.

Indo na direção oposta agora, podemos causar dano às pessoas sem prejudicá-las. Por exemplo, é possível causar dano em legítima defesa ou para proteger um terceiro. Esses não são casos em que se prejudica alguém; suas ações têm justificativa. Dito isso, causar dano a alguém ou a alguma entidade (por exemplo, um grupo de pessoas) é, a princípio, errado, então essas ações merecem atenção especial com o seguinte questionamento: "Nesse caso, há uma justificativa para causar esse dano?"

Também é fácil confundir causar dano a alguém com impactar negativamente uma pessoa. Por exemplo, pode-se ter conseguido uma promoção em desfavor de alguém e, portanto, impactar negativamente essa pessoa (em virtude de seu desempenho superior, digamos), mas certamente isso não a prejudicou.

O mesmo vale para os produtos. Por exemplo, suponha que você aconselhe investidores individuais sobre como alocar seu dinheiro. Além disso, suponha que seus serviços sejam comercializados de uma forma que qualquer diretor de diversidade e inclusão razoável toleraria. No entanto, por uma variedade de razões fora do controle de sua organização, uma subpopulação específica usa seus serviços mais do que outras. Se seus clientes agora adquirem riqueza e capital, criou-se um impacto diferencial entre a subpopulação que usa seus serviços e as que não o utilizam. No entanto, você não prejudicou essas subpopulações, mesmo que estejam, agora, em pior situação do que seus clientes.

É possível, no entanto, achar esse resultado inaceitável e, por isso, se esforçar mais em marketing e em vendas para essas subpopulações. Na verdade, pode ser que seu código de ética de IA o comprometa a fazer mais. Todavia, embora seja eticamente bom e até admirável, deixar de fazê-lo não equivale a causar dano, muito menos prejudicar, essas subpopulações. Se seus compromissos éticos de IA incluem, digamos, conduzir à equidade em tudo o que faz, isso não apenas o levará a não causar dano ou a prejudicar pessoas, mas também a ir além do dever.

A ideia (talvez a mais importante) de que não se deve causar dano às pessoas pode entrar em conflito com outros imperativos éticos, por exemplo, respeitar a autonomia das pessoas. Vender cigarros a você pode lhe gerar consequências, mas se eu me recusasse a vendê-los seria um paternalismo reprovável de minha parte. Isso porque respeitar sua autonomia significa respeitar suas decisões e sua capacidade de agir sem interferência de terceiros (desde que você não esteja, por exemplo, infringindo a lei e eu não esteja o manipulando para comprar). O foco limitado em danos na identificação de riscos éticos pode, portanto, ofuscar outros riscos éticos.

Foi exatamente o problema que meu cliente enfrentou. Sua equipe usa a IA para fazer recomendações sobre o conteúdo de anúncio a ser consumido. A empresa afirmava: "Estamos comprometidos com o bem-estar do nosso público, e isso significa que precisamos recomendar um certo tipo de conteúdo que inspire e informe em detrimento de outros que, por exemplo, forneçam prazeres efêmeros sem sentido." Por mais admirável que seja esse compromisso com o bem-estar do usuário, ele pode, no entanto, infringir a autonomia individual dessas pessoas, pois recebem conteúdo que você acha ser bom para elas, em vez de material que elas mesmas julgam bom, o que implicaria em dar a essas pessoas mais controle sobre o tipo de conteúdo recomendado. Na verdade, essa mesma observação foi feita por um dos principais parceiros da empresa. O resultado foi descobrir como, exatamente, projetar o produto e articular as melhores práticas éticas para sua implementação de uma maneira que respeite suficientemente a autonomia. Isso satisfez o parceiro e o próprio compromisso da empresa de não prejudicar seu público.

Por último — e isso vem de anos ensinando milhares de estudantes —, quando as pessoas pensam em causar dano a alguém, muitas vezes se concentram no estado psicológico dos lesados, por exemplo, se a pessoa sente dor (física ou emocional). Quando pensamos em prejudicar, por outro lado, as pessoas se concentram mais em saber se estamos inadimplindo nossas próprias obrigações para com elas, violando seus direitos ou impedindo-as de receber algo que merecem. São dois caminhos muito diferentes para começar a pensar sobre uma questão ética.

Por exemplo, caso o foco esteja no dano, é possível pensar nos homens que estão bastante revoltados psicologicamente por que você está fornecendo ferramentas às mulheres com as quais elas podem se educar e se tornar mais independentes; você está causando dano a eles. Mas esse dano é moralmente relevante? Deve guiar nossas decisões? Devemos ponderar o dano deles em relação ao dano causado às mulheres? (E isso complica ainda mais se as mulheres preferem ser tratadas dessa maneira.) Devemos fazer uma pesquisa para ver quantas pessoas sofrem com isso e quantas ficam satisfeitas? Duvido.

Por outro lado, se você perguntar se está prejudicando alguém, o foco passa aos direitos da mulher (e nos do homem, se houver algum nesse contexto) e em nossas próprias obrigações quando entramos na situação. Causar dano psicológico a eles não é uma área de foco moral, porque não presumimos automaticamente que causar dano a alguém é sempre ruim.

À luz dessas questões com uma abordagem de "dano aos stakeholders", recomendo pensar em termos de prejudicar as pessoas, o que é eticamente permissível, quais direitos podem ser violados e quais obrigações podem ser inadimplidas.

Não quer dizer que falar sobre causar dano às pessoas não seja legítimo, quer dizer que isso não deve ser o ponto focal. Na verdade, não foi nos capítulos sobre viés, explicabilidade e privacidade. Distribuições desiguais de bens e de serviços entre várias subpopulações estão erradas em alguns casos, mas não em todos (mesmo que esses últimos beneficiem diferencialmente algumas subpopulações e, assim, prejudiquem outras). Deixar de dar uma explicação a alguém pode ser uma falha em expressar o nível de respeito devido, e essa pessoa é, portanto, prejudicada por não receber essa explicação. Coletar dados sobre alguém que exige expressamente e de forma racional que não tenha os dados coletados é uma maneira de prejudicar, mesmo que isso não resulte em dano. E, finalmente, violar seus compromissos, conforme estabelecido em seu código de ética em IA, seria errado, mesmo que isso não resulte em prejudicar ninguém; afinal, você fez uma promessa.

3. Tenha especialistas em ética

Tenho me esforçado para enfatizar que a supervisão especializada é necessária e, mais especificamente, os especialistas em ética. No último capítulo, recomendei que um especialista em ética fosse membro do seu Comitê de Ética em IA. Eu também recomendo incorporá-los durante o design do produto, por três motivos.

Primeiro, os especialistas em ética são capazes de identificar problemas éticos mais rapidamente do que designers, engenheiros e cientistas de dados (assim como os últimos podem detectar design ruim, engenharia e análises matemáticas anômalas, respectivamente, mais rápido do que os especialistas em ética). Como sua organização provavelmente quer escalar a identificação ética de riscos sem refrear o desenvolvimento de produtos, acelerar a identificação é um fator importante.

Segundo, vários projetos suscitam uma série de questões éticas, e é fácil se perder ao tentar respondê-las. Os especialistas em ética têm o repertório conceitual, a experiência e o conjunto de habilidades necessários para se orientar nessas questões e ajudar os outros a fazer o mesmo (como tentei fazer na discussão anterior sobre dano e prejuízo). É instrutivo comparar isso com os riscos jurídicos. Não só o advogado detectará esse tipo de riscos mais velozmente, mas também pensará melhor sobre eles e ajudará os outros a fazer isso. As equipes não precisam de especialistas em ética em tempo integral, mas, sim, como especialistas no assunto que são consultados quando adequado. Esses especialistas em ética podem ser recrutados conforme a necessidade ou, dependendo do tamanho da organização e da quantidade e da velocidade com que os produtos são desenvolvidos, especialistas em ética interna que transitam entre uma variedade de equipes.

Terceiro, o design centrado no ser humano levou muitos desenvolvedores de produtos a consultar stakeholders relevantes durante todo o processo de design. Da mesma forma, algumas pessoas sugeriram que os desenvolvedores de IA se envolvam em "design sensível ao valor", no qual os produtos são feitos à luz dos valores das pessoas que serão afetadas direta ou indiretamente pela implementação do produto. São recomendações razoáveis. Contudo, as pessoas podem valorizar ações que, quando colocadas em prática, violam os direitos das pessoas ou as lese de alguma outra maneira. Pense, por exemplo, em homens que valorizam mulheres em papéis sociais subordinados que as proíbem de votar ou de receber uma educação legítima. O que um designer sensível a valores deve fazer neste caso? Respeitar esses homens ou um padrão ético que esses stakeholders negam expressamente? O que deve guiar essa decisão? Nortear-se nesses tipos de conflitos e ajudar os outros a encontrar o caminho são atividades dos especialistas em ética, pois eles têm ampla formação e experiência, criando um processo de due diligence relativamente rápido e robusto.

Podemos Falar sobre Ferramentas Agora?

Ainda não! Precisamos entender o que a equipe precisa pensar e, em alguns casos, isso vai além da equipe de produtos. Mais especificamente, há cinco questões a se dar enfoque no que diz respeito à identificação ética de riscos nos produtos que se está desenvolvendo, adquirindo e implementando.

1. O que é criado?
2. Como é criado?
3. O que as pessoas fazem com o que foi criado?
4. Quais são seus impactos?
5. O que fazer a respeito desses impactos?

Cada uma dessas categorias traz à tona perguntas relativas à identificação e à mitigação de riscos éticos. Para focá-las, considere o seguinte caso da vida real.

A força policial britânica decidiu usar software de reconhecimento facial, com sua vasta rede de câmeras de circuito fechado de televisão (CCTV). A tecnologia de reconhecimento facial acabou sendo enviesada contra pessoas não brancas, identificando-as falsamente como suspeitas em índices maiores do que pessoas brancas. Isso, por sua vez, levou ao assédio de pessoas totalmente inocentes cujos rostos foram erroneamente identificados como o de alguém no banco de dados da polícia. Isso também levou organizações sem fins lucrativos a processar a força policial, sem contar a atenção midiática desfavorável dada à polícia no documentário *Coded Bias*, amplamente divulgado e assistido.

O que foi criado? Um produto que combinava a tecnologia de reconhecimento facial com uma lista de suspeitos que poderiam interagir com imagens de CCTV. *Como foi criado?* Em parte, usando dados que resultaram em saídas discriminatórias. *O que as pessoas fizeram com o que foi criado?* A polícia o utilizou para parar, interrogar e, em alguns casos, assediar cidadãos inocentes (incluindo um menino negro de 14 anos, como retratado no documentário). *Quais foram seus impactos?* Violação da privacidade das pessoas, um processo judicial, notícias desfavoráveis, queda na credibilidade policial. *O que fizeram a respeito desses impactos?* Entre outras coisas, estão gastando tempo e recursos se defendendo no processo.

Para cada produto em que sua equipe está trabalhando, há questões relativas aos riscos éticos de cada uma das cinco categorias listadas. Responder a essas perguntas faz parte de um processo geral de due diligence. Mais especificamente, essa due diligence exige responder a cinco perguntas.

1. Quais são os riscos éticos envolvidos no que estamos propondo criar (ou adquirir)?

No caso da tecnologia de vigilância policial, deixando de lado a questão da discriminação, já se pode ver o potencial de violações de privacidade. Afinal, esta é uma tecnologia que, quando faz o que foi criada para fazer, rastreia os movimentos dos indivíduos em toda a cidade: para onde vão, com quem, como chegam até tal lugar etc. Além disso, como as forças policiais estão presentes onde a tecnologia está sendo implementada, ela se presta à interferência policial contínua na vida de alguém. Uma pergunta se apresenta imediatamente à equipe responsável por disponibilizar o produto à força policial: devemos usá-la ou é uma ameaça em grande medida à privacidade das pessoas? Então, se for decidido que sim, como podemos desenvolver e implementar este produto de forma que mitigue o risco de violações de privacidade? Talvez a resposta aqui seja usar do vídeo apenas após o fato, em vez de ao vivo, ou que só pode ser usado na procura de um indivíduo específico em que há evidências suficientes para que ocorram investigações criminais, sob determinação judicial (tal qual mandados de busca, que demandam aprovação de um juiz). Ou talvez só possa ser usado para um certo nível de crime, quando o suposto criminoso apresente uma ameaça iminente ou quando a probabilidade de ser preciso ultrapassa certo limite, e assim por diante.

Quais riscos éticos podemos concretizar em virtude de como criamos o produto?

A questão é se a maneira pela qual o produto é criado origina um risco ético. Por exemplo, o produto pode gerar saídas enviesadas ou discriminatórias? Como seriam conjuntos de dados que resultariam em saídas discriminatórias? Seria um caso em que precisamos de saídas explicáveis? Em caso afirmativo, qual é a importância da explicabilidade neste contexto em relação à precisão? A quem precisamos dar explicações e o que essas pessoas precisarão fazer a partir delas? Estamos potencialmente fazendo predições sobre as pessoas de uma forma que poderia violar a privacidade delas? E há mais perguntas além destas.

No caso do produto de reconhecimento facial usado pela polícia britânica, não apenas estava usando uma tecnologia de invasão de privacidade em virtude do caso de uso específico para essa IA, mas também um modelo discriminatório. (Isso levou algumas pessoas a condenar a existência de tecnologia de reconhecimento facial enviesada. Isso, em alguns casos, é um pouco estranho. Se ser vigiado é ruim, o fato de o produto fazer isso muito mal é bom. Criticar um software de vigilância que invade a privacidade e não reconhece os rostos de pessoas não brancas parece um pouco a velha crítica de restaurante de Woody Allen: a comida é terrível e as porções são muito pequenas.)

Como as pessoas podem acabar usando o produto de uma maneira eticamente arriscada?

É possível montar um carro com recursos de segurança de ponta, mas a forma como as pessoas o dirigem ainda pode ser perigosa. Há operadores bem-intencionados, mas ignorantes ou não muito hábeis, motoristas imprudentes (que vão de dirigir bêbado a enviar mensagens de texto enquanto levam adolescentes que estão "apenas se divertindo"), e pessoas mal-intencionadas que querem machucar alguém. Em outras palavras, a implementação é importante.

No caso da polícia britânica, embora seja fácil imaginar alguns policiais muito inteligentes e bem treinados usando o produto com sabedoria, é igualmente fácil imaginar outros pouco treinados e pouco inteligentes julgando mal como usá-lo. Também é fácil imaginar o policial maçã podre que abusa do produto para atender aos próprios interesses. Ao criar ou adquirir IA, também é preciso due diligence. As equipes de produto precisam pensar sobre a diversidade de pessoas que podem usar seu produto e quais riscos éticos podem resultar da ação de usuários ignorantes, estúpidos e mal-intencionados. À luz dessas descobertas, as equipes de produtos precisam pensar sobre quais recursos incluir (ou não) no produto para mitigar esses riscos. Além disso, como os recursos de segurança têm limites, essas equipes também precisam articular as melhores práticas éticas para o uso do produto e garantir que as informações sejam comunicadas claramente aos usuários do produto. Por exemplo, se sua equipe está criando uma IA que será usada pelos clientes, uma organização pode incluir em seu processo de integração uma articulação clara de due diligence de risco ético que sua equipe de produto (e, idealmente, seu CEIA) realizou e as melhores práticas éticas para o uso do produto.

Quais riscos éticos, alguns concretizados, resultam da implementação deste produto?

Isso está fora do escopo da equipe de produtos, mas merece destaque ao tratarmos dos riscos éticos de produtos específicos. Observe que a pergunta pressupõe que a organização esteja monitorando os impactos do produto por meio de, por exemplo, pesquisas, entrevistas com stakeholders e várias formas técnicas de medir os dados coletados pelo produto (incluindo, por exemplo, se os dados que você está recebendo de volta e que serão usados para continuar treinando sua IA podem causar ou exacerbar resultados discriminatórios).

Os produtos de IA parecem um pouco com tigres de circo. Você os cria como se fossem seus, os treina com cuidado, apresentam-se lindamente, um espetáculo atrás do outro, e então, um dia eles arrancam sua cabeça. No caso dos tigres, tem um pouco a ver com sua natureza. No da IA, com o resultado de seu desenvolvimento: com o treinamento, com seu comportamento na prática, com o modo de continuar alimentando com dados e como interage com os vários ambientes em que está incorporada. Os cientistas de dados já monitoram a IA que implementam em busca de coisas como *data drift*: os novos dados inseridos são diferentes dos dados com os quais se treinou originalmente a IA e agora o modelo não está funcionando como se gostaria. Isso aconteceu com muitos modelos como resultado da pandemia de Covid-19: de repente, os dados de março de 2020 pareciam muito diferentes dos dados de fevereiro de 2020, sem mencionar os de março de 2019. Isso resultou em predições horríveis de modelos de IA que deveriam dizer aos usuários como seria março de 2020 (por exemplo, predições do mercado financeiro). Da mesma forma, por causa de mais variáveis do que se pode contar — mudança demográfica de uma cidade, adoção desigual por diferentes idades, raças, gêneros, novas leis e regulamentos, normas culturais em evolução, para citar alguns —, a IA pode ser eticamente mais arriscada do que era no dia em que foi implementada.

O que fazer se forem detectados riscos éticos após a implementação?

Uma vez que esses riscos éticos são detectados, temos que começar com a primeira pergunta. Nas atuais condições, quais são os riscos éticos do nosso produto? Precisamos retirá-lo de circulação ou existem maneiras de modificá-lo para mitigar suficientemente esses riscos? Como continuar a criá-lo de uma forma que mitigue os riscos que não previmos e ainda não se materializaram, mas podem acabar se materializando? Quais tipos de pessoas precisamos considerar agora, pois estão usando nosso produto de maneiras que não prevíamos? Dito de outro modo, a identificação e a mitigação de riscos éticos não é algo que as equipes de produtos vão erradicar, pelo menos não até que o ciclo de vida do produto seja concluído.

Acabamos de tratar de diversos assuntos, então vamos resumir da forma mais sucinta possível:

> Precisamos identificar as formas de prejudicar as pessoas em virtude do que estamos criando, de como estamos criando, de quem usa nossa criação e dos eventuais impactos imprevistos.

A partir disso, duas questões se apresentam:

1. Quando entrar nessas investigações?
2. Como entramos nelas?

E agora, finalmente, chegamos aos processos e às ferramentas.

Processos e Ferramentas: Quando e Como

É sempre mais fácil e mais barato alterar um produto fictício do que um já existente em que as pessoas investiram tempo e recursos. Por essa razão, as três primeiras questões — quais são os riscos éticos do produto que estamos propondo criar, de que forma acabaremos criando-o com riscos e quais riscos éticos podem surgir com diferentes tipos de usuários — são apropriadas ao fazer um *brainstorming* sobre o produto ou a "solução". Também faz sentido incorporar esses problemas durante o planejamento do *roadmap* do produto e a criação de características.

Nesta fase inicial, várias propostas podem ser rejeitadas porque claramente são um risco ético muito alto, outras propostas podem ganhar pontos extras porque aparentemente são de baixo risco e outras propostas serão modificadas à luz da identificação de riscos éticos.

Existem várias ferramentas que podem ser usadas nesta fase para estruturar a due diligence de risco ético que a equipe está fazendo. Embora essas ferramentas variem e eu não forneça uma análise de nenhuma ferramenta específica aqui, a que suas equipes escolherem deve incluir pelo menos o que segue.

Primeiro, uma separação do risco ético por categorias. Diferentes ferramentas cortam a pizza de diferentes maneiras e, no meu trabalho, uso as seguintes categorias:

- ▶ Danos físicos (por exemplo, morte, lesão).
- ▶ Danos mentais (por exemplo, vício, ansiedade, depressão).
- ▶ Autonomia (por exemplo, violações de privacidade).
- ▶ Confiabilidade e respeito (por exemplo, não fornecer explicações necessárias; não levar o bem-estar dos usuários, consumidores ou cidadãos a sério).
- ▶ Relacionamentos e coesão social (por exemplo, semear desconfiança social, polarizar populações).
- ▶ Equidade social e justiça (por exemplo, resultados discriminatórios, violação dos direitos humanos, desigualdade de renda).
- ▶ Consequências não esperadas (por exemplo, decorrentes de positivos ou negativos reais e falsos positivos ou negativos, uso por pessoas ignorantes, estúpidas ou mal-intencionadas).

Observe que, ao contrário de muitos outros frameworks para identificar riscos éticos, eu não dei uma categoria própria para "saídas discriminatórias", apesar da importância da questão. Isso porque, embora os modelos discriminatórios sejam uma afronta à equidade e à justiça, existem outras maneiras de violar os requisitos de equidade. Ter uma visão mais ampla da equidade que inclua, mas não se limite à questão da discriminação é essencial para garantir a abrangência de sua due diligence. Da mesma forma, embora a explicabilidade possa ser eticamente importante — porque pode ser necessária para a confiança e o respeito com as pessoas que serão impactadas pela implementação de sua IA — não fornecer uma explicação não é a única maneira de violar esses valores. Também nesse caso, a abrangência exige que consideremos a categoria mais ampla, mesmo que certos membros dessa categoria devam ser sinalizados como merecedores de atenção especial.

Segundo, uma articulação dos vários stakeholders, por exemplo, usuários da IA, alvos de suas predições, comunidades ou subpopulações que podem ser impactadas pela sua implementação em larga escala etc.

Terceiro, uma avaliação de como esses stakeholders podem ser prejudicados pelo seu produto em cada uma dessas categorias.

Quarto, uma maneira de priorizar esses riscos à luz da probabilidade de esses prejuízos serem perpetrados e de seu grau. (Não costumamos falar sobre graus de prejuízo, mas veja: embora assassinatos sem motivo e empurrões sem motivo sejam coisas erradas, o primeiro é claramente mais errado do que o segundo.)

Juntando tudo isso, sua ferramenta deve ter algo parecido com o disposto na tabela 7-1.

É possível usar o mesmo gráfico ao avaliar os impactos reais da implementação do produto. Este gráfico só pode ser preenchido, é claro, como consequência da investigação de sua equipe sobre os riscos éticos. Quanto a como conduzir essa investigação, mais uma vez, as ferramentas variam. Pode incluir, entre outras coisas, uma lista de perguntas para cada categoria (semelhante a uma checklist); como seu código de ética de IA e sua jurisprudência ética de IA podem incidir sobre o assunto; qual dos cinco níveis éticos de privacidade você deseja alcançar; usar uma árvore de decisão para determinar se a explicabilidade é importante; fazer uma análise *pre-mortem* (na qual se imagina que as coisas deram errado e se refaz os passos para descobrir como as coisas podem ter acabado dessa maneira). Também pode-se incluir a realização de entrevistas com stakeholders, pesquisas ou análises; formação de equipes externas de ética (em que os membros tentam quebrar o produto no plano ético); advogado do diabo (em que se argumenta como se o produto fosse eticamente terrível); advogado do anjo (em que se argumenta como se fosse eticamente primoroso); e, como mencionei antes, consultar um especialista em ética ou ter um especialista em ética facilita a discussão.

Porém tome cuidado! Quando sua equipe se reúne pela primeira vez para discutir essas questões, alguém vai começar a falar sobre a subjetividade da ética, e isso vai atrapalhar a investigação. Diga-lhes para lerem o Capítulo 1. Ou melhor ainda, inicie essa nova prática com uma discussão do Capítulo 1 e faça com que novos membros da equipe entrem nessa discussão.

Por último, é preciso pensar nas grandes e nas pequenas mudanças no produto que mudarão o panorama ético para melhor.

Em alguns casos, a due diligence levará as equipes a perceberem que podem precisar sair de sua equipe imediata para mitigar um risco ético identificado. Por exemplo, se os desenvolvedores de modelos fazem parte do processo de due diligence e os coletores de dados, não, e a saída discriminatória é identificada como um risco ético do produto, os primeiros terão que discutir com os últimos como o conjunto de dados (treinamento) deve ser ou, dito de outra forma, como não ser. Por outro lado — isto é, depois que o modelo for implementado —, os coletores de dados terão que monitorar proativamente os dados que o software de IA está obtendo e potencialmente treinando novamente. Essas informações devem, então, ser transmitidas à equipe que desenvolve o produto para que possa reavaliar adequadamente os riscos éticos e criar e executar uma estratégia de mitigação de riscos, por exemplo, elaborando diferentes métodos de coleta de dados, usando *data augmentation* com dados sintéticos, modificando os novos dados e assim por diante.

Ferramentas e processos são importantes. Mas só fazem sentido quando incorporadas em um framework maior do que uma equipe de produto está tentando concretizar. Nesse caso, as equipes de produto tentam evitar prejudicar as pessoas em virtude do que estão criando, como estão criando e quem pode ter acesso ao produto, em que a concepção do que são erros a serem evitados é norteada por um código de ética de IA e pela jurisprudência de ética de IA de uma organização. Além disso, essas ferramentas destinadas a atingir esses objetivos só funcionam se estiverem aninhadas em um framework organizacional maior, como o articulado no capítulo anterior. Abordar a mitigação do risco ético de IA com a ideia de que precisamos começar fornecendo ferramentas aos nossos desenvolvedores é como começar uma corrida na linha de chegada.

TABELA 7-1

Framework de due diligence de risco ético

	Dano físico	Dano mental	Autonomia	Confiança e respeito	Relações e coesão social	Equidade social e justiça	Consequências inesperadas
Stakeholder A (por exemplo, um conjunto de indivíduos)	●	◐	◐	○	●	○	●
Stakeholder B (um coletivo, por exemplo, um país, uma comunidade)	◐	●	◐	●	●	○	○
Stakeholder C	●	○	●	○	○	◐	●
Stakeholder D	○	○	◐	○	●	◐	○

Legenda
○ = Risco baixo
◐ = Risco médio
● = Risco alto

Resumo

- A mitigação de risco ético de IA no que se refere às equipes de produtos geralmente se concentra em teorias morais, como consequencialismo, deontologia e ética da virtude. Falar dessas teorias ou aplicá-las deve ser descartado.
- Atualmente, há um foco enorme em evitar "causar dano" às pessoas. Seria bom se concentrar em evitar prejudicar as pessoas, pois causar dano é apenas uma maneira de prejudicá-las.
- Existe uma coisa chamada expertise ética. Aqueles que têm essa experiência são chamados de "eticistas" ou "especialistas em ética". Convoque-os.
- Há cinco questões para se concentrar no que diz respeito à identificação de risco ético nos produtos que se está desenvolvendo, adquirindo e implementando. Cada uma dessas questões diz respeito a uma questão relativa ao risco ético.
    1. O que é criado?
        - *Quais são os riscos éticos envolvidos no que se está propondo criar ou adquirir?*
    2. Como é criado?
        - *Quais são os riscos éticos que podem ser concretizados em virtude de como o produto é criado?*
    3. O que as pessoas fazem com o que foi criado?
        - *Como as pessoas podem acabar usando o produto de uma maneira eticamente arriscada?*
    4. Quais são seus impactos?
        - *Quais são os riscos éticos, alguns dos quais já concretizados, como resultado da implementação deste produto?*

5. O que fazer a respeito desses impactos?
    ▷ *O que fazer a respeito dos riscos éticos detectados após a implementação?*

▶ Sua equipe terá que se envolver em um processo de due diligence de risco ético. No mínimo, esse processo deve incluir:
  ▷ Uma divisão dos riscos éticos por categoria, em que essas categorias esgotam o conjunto de todos os riscos éticos possíveis.
  ▷ Uma articulação dos vários stakeholders.
  ▷ Uma avaliação de como esses stakeholders podem ser prejudicados pelo seu produto em cada uma das categorias.
  ▷ Uma maneira de priorizar a mitigação de riscos à luz da probabilidade de esses stakeholders serem prejudicados e do grau de prejuízo envolvido.
  ▷ Uma maneira de determinar quais estratégias de mitigação de risco devem ser executadas, quando e por quem.

CONCLUSÃO

Duas Surpresas

Se você me dissesse que foi a um congresso sobre ética de IA e que, em um coquetel, se aproximou de um grupo de participantes que já discutiam o tema, eu poderia contar com tranquilidade o que aconteceu em seguida.

Primeiro, ouviu um monte de frases conhecidas e jargões. Accountability, transparência, explicabilidade, justiça, vigilância, governança, confiável, responsável, stakeholder, framework, alguém dizendo "caixa preta" em algum momento.

Então, houve um debate preocupado sobre as ameaças representadas pela IA enlouquecida. Conjuntos de dados enviesados! Algoritmos inexplicáveis! Invasões de privacidade! Carros autônomos matando pessoas!

Finalmente, o grupo entrou em um ceticismo saudável. "Não é possível definir a ética de IA", alguém pode ter falado. "Não dá para planejar tudo." E é claro: "É apenas a visão pessoal das pessoas sobre o que é certo e errado." Ou de maneira mais prática: "Veja, como operacionalizar princípios éticos?" Alguém vai falar alguma coisa sobre KPIs.

No final de tudo isso, todo mundo estará indiferente. Isso porque, na maioria das vezes, as pessoas estão levantando questões cujos fundamentos não são (bem) compreendidos, e então, depois de organizar um congresso no qual falam jargões a torto e a direito, afirmam que a ética de IA essencial, é claro, mas também muito, muito difícil.

Mas com você não será assim. Tendo chegado a este ponto no livro, você pode ver esses fundamentos e o que está em questão, tanto do ponto de vista empresarial quanto ético. E agora que entende, sabe que a ética de IA não é tão difícil, afinal.

Se um colega lhe disser: "Precisamos falar algo sobre a ética de IA", você sabe como é um documento significativo e o que são relações públicas superficiais. Se o seu colega lhe disser: "Essa ética de IA é para o pessoal de IA. É coisa técnica. Diga-lhes para cuidar disso", você sabe que esse argumento é medíocre.

Talvez uma empresa lhe procure e diga: "Temos a solução para a IA responsável" ou, menos ambiciosamente, "Temos a solução para o viés na IA". Agora você sabe que esse software não pode resolver todos esses problemas por si só.

Sabe disso e muito mais sobre, por exemplo, o papel das pessoas na criação de métricas apropriadas para a justiça, sobre quando é preciso saber o que as IAs estão fazendo e quando isso não importa tanto. Sabe que existem níveis de privacidade, e não se trata apenas de anonimato. Sabe como elaborar códigos éticos reais sobre IA e que apenas dizer que valoriza a ética de IA não implica que seus funcionários a levarão a sério. Sabe que precisa de Estrutura para fazer isso acontecer. Acima de tudo, sabe que o software, por si só, não pode lidar com as questões éticas importantes nem afetar a mudança organizacional necessária para identificar e mitigar de forma sistemática e abrangente os riscos éticos de IA. Em suma, se o software puder fazer seu trabalho, é possível antever o ecossistema no qual esse software precisa ser incorporado.

Você agora enxerga o panorama da ética de IA e pode se orientar. E agora que está aqui, vou lhe contar um segredo. Dois, na verdade.

O primeiro segredo é que há outro livro neste livro. Finja que os Capítulos 1 e 5 a 7 são um único livro e exclua a palavra "IA" sempre que eu escrever "ética de IA". O que você terá, com alguns pequenos ajustes aqui e ali, é um livro sobre como articular e operacionalizar os valores éticos de sua organização. Eu não me importo se você está desenvolvendo IA, colocando microchips nas mãos das pessoas ou vendendo café engarrafado: a maneira de criar, escalar e manter uma organização eticamente sólida já está contida nessas páginas. Se o seu objetivo não é apenas criar uma IA eticamente sólida, mas uma organização que leve a sério os padrões éticos, volte e releia esses capítulos com isso em mente.

O segundo segredo é que este livro é sobre ética de IA, mas não apenas sobre isso — trata também do valor da investigação ética, do poder e da importância da investigação filosófica.

Os muitos exercícios pelos quais você passou para entender a ética da IA — separar Estrutura de Conteúdo; distinguir valores instrumentais de não instrumentais e valores éticos de não éticos; entender as diferenças entre causar dano e prejudicar; distinguir explicações de máquina de explicações de pessoa e avaliar quando e por que cada uma é importante; examinar criticamente a ideia de que a ética é subjetiva; analisar o que constitui uma boa explicação; identificar os níveis éticos de privacidade e quais níveis são apropriados e quando; extrair os conflitos entre benevolência e respeito em relação à autonomia; destrinchar as questões eticamente proeminentes no desenvolvimento de produtos — *tudo* isso é filosofia prática. Se achou essas distinções, conceitos e análises úteis para lançar luz sobre o panorama de IA, que não entendia antes, então achou a análise filosófica útil. Ao entender, internalizar e refletir sobre esses conceitos, você está filosofando.

A principal alegação deste livro é de natureza filosófica. Estrutura — o que fazer e como — deriva de uma compreensão do Conteúdo, dos riscos éticos e de como surgem. A ética parece gosmenta e subjetiva, e não fica totalmente claro como evitar o desastre até que você se aprofunde para entender o Conteúdo. Não basta entender a IA, nem o risco e o compliance. Envolver-se em mitigação de risco ético de IA robusta e eficaz requer entender a ética em um nível que vai muito além de "o viés é ruim" ou "as caixas pretas são assustadoras".

Apesar das reviravoltas e da pecha de irrelevante, a filosofia revela-se essencial para o tipo de progresso que todos devemos valorizar.

NOTAS

Introdução

1. Phil McCausland, "Self-driving Uber car that hit and killed woman didn't recognize that pedestrians jaywalk," NBC News, 9 de novembro de 2019, https://www.nbcnews.com/tech/tech-news/self-driving-uber-car-hit-killed-woman-did-not-recognize-n1079281.

2. Melanie Evans e Anna Wilde Mathews, "New York Regulator Probes UnitedHealth Algorithm for Racial Bias", *Wall Street Journal*, 26 de outubro de 2019, https://www.wsj.com/articles/new-york-regulator-probes-unitedhealth-algorithm-for-racial-bias-11572087601.

3. Jeffrey Dastin, "Amazon scraps secret AI recruititing tool that showed bias against women," Reuters, 10 de outubro de 2018, https://www.reuters.com/article/us-amazon-com-jobs-automation-insight/amazon-scraps-secret-ai-recruiting-tool-that-shown-bias-against-women-idUSKCN1MK08G.

4. Kate Conger, Richard Fausset e Serge F. Kovaleski, "San Francisco Bans Facial Recognition Technology", *New York Times*, 14 de maio de 2019, https://www.nytimes.com/2019/05/14/us/facial-recognition-ban-san-francisco.html.

5. Julia Angwin *et al.*, "Machine Bias," *ProPublica*, 23 de maio de 2016, https://www.propublica.org/article/machine-bias-risk-assessments-in-criminal-sentencing.

6. "2020 in Review: 10 AI Failures", *Synced*, 1º de janeiro de 2021, https://syncedreview.com/2021/01/01/2020-in-review-10-ai-failures/.

Capítulo 2

1. Julia Angwin *et al.*, "Machine Bias", *ProPublica*, 23 de maio de 2016, https://www.propublica.org/article/machine-bias-risk-assessments-in-criminal-sentencing.

2. Alexandra Chouldechova, "Fair Prediction with Disparate Impact: A Study of Bias in Recidivism Prediction Instruments", artigo, Cornell University, 28 de fevereiro de 2017, https://arxiv.org/abs/1703.00056.

3. Esta Estrutura da Lição de Conteúdo é sobre a escolha da métrica adequada para a justiça. "Adequado" aqui significa não apenas que diferentes métricas de justiça são adequadas para diferentes casos de uso, mas também que diferentes métricas de justiça alterarão a precisão de sua IA de maneiras diferentes. Como resultado, as armadilhas de como os vários *trade-offs* podem se desenrolar têm impacto na escolha de qual métrica de justiça usar. A maneira pela qual as ponderações de justiça podem entrar em conflito com a demanda pela IA mais precisa é maravilhosamente apresentada em Michael Kearns e Aaron Roth, *The Ethical Algorithm* (Nova York: Oxford University Press, 2020), Capítulo 2.

4. Joy Buolamwini e Timnit Gebru, "Gender Shades: Intersectional Accuracy Disparities in Commercial Gender Classification," Anais da 1ª Conferência sobre Justiça, Accountability e Transparência, 2018, http://proceedings.mlr.press/v81/buolamwini18a.html.

5. Tom Simonite, "When It Comes to Gorillas, Google Photos Remains Blind", *Wired*, 11 de janeiro de 2018, https://www.wired.com/story/when-it-comes-to-gorillas-google-photos-remains-blind/.

6. Alice Xiange, "Reconciling Legal and Technical Approaches to Algorithmic Bias", *Tennessee Law Review* 88, no. 3 (2021), https://ssrn.com/abstract=3650635.

7. Se você é cientista de dados, pode querer gritar comigo por sempre falar sobre precisão e não acurácia ou recall, muito menos em média harmônica. Eu entendo. São coisas importantes a serem discutidas quando entramos nos detalhes da avaliação de modelos específicos, e têm implicações éticas potenciais do modelo. Mas, infelizmente, meu público para este livro é mais geral, então você e eu teremos que discutir essas coisas durante o café.

8. Bo Cowgill *et al.*, "Biased Programmers? Or Biased Data? A Field Experiment in Operationalizing AI Ethics ", artigo de pesquisa, Columbia Business School, 24 de junho de 2020, https://papers.ssrn.com/sol3/papers.cfm?abstract_id=3615404.

Capítulo 3

1. A questão aqui é o conflito entre explicabilidade, por um lado, e precisão, por outro. Veja o Capítulo 2, nota de fim 3, para saber mais sobre o conflito entre justiça e precisão.

2. Isso aconteceu com o software de inteligência artificial da DeepMind, AlphaGo, quando ele jogou Go contra Lee Sedol, um jogador de renome mundial. Fez um movimento — movimento 37 — completamente inesperado por todos os especialistas em Go, mas um golpe de "gênio". https://www.wired.com/2016/03/two-moves-alphago-lee-sedol-redefined-future/.

Capítulo 4

1. Todd Feathers, "Tech Companies Are Training AI to Read Your Lips", Vice, 14 de junho de 2021, https://www.vice.com/en/article/bvzvdw/tech-companies-are-training-ai-to-read-your-lips.

Interlúdio

1. Muito obrigado a Philip Walsh, um colega filósofo, que me forçou a pensar sobre essa questão mais seriamente quando meu instinto inicial era zombar. Você venceu essa, Phil.

Capítulo 5

1. "Seven Principles for AI: BMW Group Sets Out Code of Ethics for the Use of Artificial Intelligence", BMW Group, release de imprensa, 10 de dezembro de 2020, https://www.press.bmwgroup.com/global/article/detail/T0318411EN/seven-principles-for-ai:-bmw-group-sets-out-code-of-ethics-for-the-use-of-arthur-intelligence?idioma=en.

2. "Guidelines for Artificial Intelligence", Deutsche Telekom, n.d., https://www.telekom.com/en/company/digital-responsibility/details/artificial-intelligence-ai-guideline-524366.

3. Corinna Machmeier, "SAP's Guiding Principles for Artificial Intelligence", SAP, 18 de setembro de 2018, https://news.sap.com/2018/09/sap-guiding-principles-for-artificial-intelligence/.

4. Ibid.

5. "Artificial Intelligence at Google, Our Principles", Google AI, n.d., https://ai.google/principles/.

6. O exemplo vem da famosa discussão de David Hume no Apêndice I: Sobre o Sentimento Moral no livro *Uma Investigação Sobre os Princípios da Moral*.

7. Na verdade, as coisas são um pouco mais complicadas do que isso. Em alguns casos, ser transparente ou se comunicar abertamente com alguém é (em parte) *constitutivo* do respeito. Nesses casos, podemos considerar que ser transparente é um valor não instrumental, ou pelo menos mais do que meramente instrumental.

Capítulo 6

1. Aristóteles, "Now in everything the pleasant or pleasure is most to be guarded against; for we do not judge it impartially", em *Nicomachean Ethics*, W. D. Ross, trad., Revisado por J. L. Ackrill e J. O. Urmson (Nova York: Oxford University Press, 1984), Livro II.9.

2. Uri Berliner, "Wells Fargo Admits to Nearly Twice as Many Possible Fake Accounts — 3.5 Million", NPR, 31 de agosto de 2017, https://www.npr.org/sections/thetwo-way/2017/08/31/547550804/wells-fargo-admits-to-nearly-twice-as--many-possible-fake-accounts-3-5-million.

AGRADECIMENTOS

Este livro vive no final — ou, esperançosamente, no meio — de uma jornada que eu não esperava e não sabia que estava me preparando para fazê-la. Andei muitos passos para recontá-la aqui, e fui capaz de fazê-la com a ajuda de mais pessoas do que me lembro. Destacam-se algumas.

Brad Cokelet e Guha Krishnamurthi passaram um bom tempo lendo este manuscrito inteiro e forneceram um feedback inestimável. Portanto, afirmo que, se estas páginas contiverem quaisquer declarações enganosas ou simplesmente falsas, é a eles que se deve culpar.

Alex Grzankowski e Eric Vogelstein. Pedi aos dois que lessem o manuscrito e se recusaram. É preciso reconhecer seu fracasso abjeto como amigos. Duas outras pessoas assumiram o compromisso, mas não o leram, embora eu tenha que reconhecer que não sou próximo delas o suficiente para sequer citá-las. Meu único arrependimento na vida é que eles provavelmente não lerão isso também, e, assim, não sentirão culpa nem vergonha.

Blair Beyda, Brent Weisenberg, Eric Corriel, Eric Siwy, David Palmer e Jared Dietch são pessoas maravilhosas e tiveram um impacto positivo enorme na minha vida. É preciso reconhecer, no entanto, seu impacto relativamente mínimo neste livro.

Meus avós, Rita e Herb Diamond (também conhecidos como "Gee-Gee" e "Poppy") dotados simultaneamente por grande intensidade e leveza de coração. Eles olhavam para você e falavam "besteira", em seguida já emendavam com uma piada. Eram curiosos, rompiam limites, olhavam as coisas de forma diferente, eram irreverentes. Meu editor, o maravilhoso Scott Berinato, falava frequentemente sobre minha "voz" neste livro. Mas não é minha. É de Gee-Gee e Poppy. Eles, e somente eles, devem ser creditados pelo meu desejo de me aprofundar em um tema e culpados pela minha falta de profissionalismo.

Meus pais — Randi e Brad Blackman — incutiram em mim um grau de confiança totalmente irracional que me proíbe de pensar que não posso fazer algo, como obter um doutorado em filosofia, depois conseguir um emprego em um mercado terrível, fundar, entre todas as coisas, uma consultoria de ética e fazê-la crescer. Sua crença contínua em mim e seu amor maníaco borderline tem sido, e sempre será, o meu alicerce.

Em nossa primeira viagem internacional juntos, quando ainda estávamos namorando, minha esposa e eu alugamos um carro em uma cidade relativamente esquisita no Peru. Depois de colidir com uma motocicleta carregando duas pessoas e ser enfiado em uma viatura, o policial perguntou se eu estava bebendo. Leah (de apelido "Tootz"), que estava no banco de trás, imediatamente ficou furiosa. "*No*, nunca!", exclamou. Oito anos depois, quando decidi deixar a academia e começar uma empresa, ela ganhava a renda sem a qual eu não teria a base necessária para meu empreendimento. E se não cuidasse de nossos dois filhos pequenos nos fins de semana em que fiquei trabalhando neste livro, você não estaria lendo essas palavras agora. Se eu posso seguir em frente com tudo, é só porque ela é meu porto seguro.

ÍNDICE

A

accountability 116–117, 129–130, 154
acurácia 53–61
adesão organizacional 39
A Era do Capitalismo de Vigilância, livro 99–100
algoritmos 9, 36
algoritmos caixa preta 11, 12
Amazon 4, 13, 13–14, 144–145
anonimato 93
anúncios
   veiculação de 103–104
Apple 90
aprendizado de máquina 8, 9–11, 42–43, 88
Aristóteles 143, 163–165
assistência médica 74
atos infracionais 42
automação 69–70
autonomia 14–17
   das pessoas 88–90
autoridade 30

B

benchmarks 52–53
benefícios a pessoas 75
bens e serviços 43

bens ou serviços
   distribuição de 49

C

Cambridge Analytica 90, 93
cibersegurança 105–106
ciência
   método 30
Clearview AI 89–90
coarse-grained, modelo 52–53
Coded Bias, documentário 171–172
código computacional 8
códigos de conduta 147
códigos de conduta corporativa 6
Comitê de Ética em IA 149
   jurisdição 151–152
   membros 150
compliance 91–92, 105–106, 156–157
comunidade de IA 15–17
confiança
   construção de 121–122
consentimentos 85
consequencialismo 163
consumidores
   algemados 100
   de olhos vendados 99
   ligeiramente restringidos 100
   livres e gratos 101

pressionados 100
conteúdo
  estrutura do 132-134
contratação de pessoas 43
contravenção 41-42
controvérsias éticas 29
Covid-19
  pandemia de 175
credibilidade 134
crenças pessoais 26
criminalidade 41-42
culpabilização 28
currículo
  leitura de 43

D

dados
  consentimento de uso 97
  controle de 96
  controle dos 94-95
dados de treinamento 50
dados rotulados 13
danos alocativos 49
danos a terceiros 166-169
danos representacionais 49
data augmentation 180
data drift 175
deontologia 163
desafios éticos 14
dilemas éticos
  treinamento para 45-46
discriminação 45-46, 50-51
diversidade 58
Donald Trump 94-95
due diligence 130, 174
due diligence, processo de 24

E

eleitoral, processo 94-95
Elon Musk 7
empirismo 30
entrevista de emprego 64
estrutura de governança 15
ética
  comitê de 16
  crenças 113
  natureza da 34
  questões de 25
  subjetividade da 26
eticistas 162
explicabilidade 12, 64-65, 122
  automação 69-70
  e transparência 93-95

F

Facebook 4, 36, 89-90, 93, 145
  conflito 104
fairness 44-61
ferramentas 145
financiamento
  aprovação de 64
força policial britânica 171-172
função objetivo
  viés da 53

G

gap analysis 133-134
globais, explicações 68
Goldman Sachs 4
grupos historicamente
       marginalizados 57

H

honestidade 121
human in the loop — ou humano no circuito 120

I

Immanuel Kant 163-165
impacto social positivo 3
inadmissibilidade 27-28
insensibilidade cultural 49
inteligência artificial
  ecossistema de 115-116
inteligência artificial estreita (ANI) 8
inteligência artificial geral (AGI) 7
inteligibilidade 82

J

jurisdições 92
jurisprudência 141-144
jurisprudência ética 143
justiça
  criminal 45-46
  definição de 44-46
  indicadores de desempenho 156-157
  métricas de 48
  processual 74
  racial 54

L

legislação antidiscriminação 49
liberdade condicional
  pedido de 64
liderança 37
locais, explicações 68

M

manipulação indevida 95
máquina
  explicações de 67-68
mercado de ações 73
Meta 90
mitigação de riscos 125
modelo de IA
  treinamento de 59
modelos
  dados de treinamento 88-90
monitoramento 130

N

Northpointe 4

O

Optum 145
Optum Healthcare 4

P

pesadelos éticos 125
pessoas
  explicações de 67
pobreza intergeracional 78
politicamente correto 24
precisão 53-61
privacidade 17, 26, 38, 88
  constitucional 95
  definições 91
  direitos de 90
  e anonimato 93-95
  indicadores de desempenho 156-157
  informacional 95

níveis éticos da 96
violações de 11-12, 81, 88-90
Privacy Project 100
programa de ética de IA 34
programa de risco ético de IA 140
proxy
  viés de 51-52

R

racismo estrutural 78
reconhecimento facial 89-90
  dados de treinamento 47
Relatório Belmont 146-147
responsabilidades 29
risco ético de IA 16
riscos de violação 91
riscos éticos 4, 91
  frameworks 177-178
  identificação de 167-169
  mitigar os 17
  processos de mitigação 145
riscos éticos de IA 7
riscos regulatórios 92
robôs 7

S

segurança cibernética 91-92
serviços prestados 98
Stephen Hawking 7
subamostragem 51-52
Suprema Corte dos Estados Unidos
    141-144

T

tecnologia
  grandeza da 34
teorias éticas 163
teste
  viés de 52-53
transparência 96, 121

U

Uber 4
universidades
  acesso às 46-47

V

Venmo 89-90
Venn, diagrama de 91-92
vieses 12-13, 44-46
  e diversidade 58
  estratégias para lidar com 59
  fontes de 54
  identificação de 44-46
  mitigação de 47
  treinamento do modelo 48
vigilância 14, 81
  corporativa 99
  economia de 89-90
  tecnologia policial 172-173
virtude
  ética da 163-165

W

Wells Fargo 155

Y

YouTube 89-90

SOBRE O AUTOR

REID BLACKMAN, PhD, é CEO e fundador da Virtue, onde trabalha com empresas para integrar a mitigação de riscos éticos no desenvolvimento e implantação de inteligência artificial e outras tecnologias emergentes. Reid foi membro fundador do Conselho Consultivo de Inteligência Artificial da Ernst & Young e é voluntário da Government Blockchain Association, organização sem fins lucrativos, onde é diretor de ética.

Antes de fundar a Virtue, Reid foi professor de filosofia na Universidade de Colgate e na Universidade da Carolina do Norte, Chapel Hill. Também fundou uma empresa atacadista de fogos de artifício e era instrutor de trapézio voador. Formou-se bacharel na Universidade de Cornell, mestre na Universidade de Northwestern e obteve PhD na University do Texas, Austin.

Ele contribuiu para a *Harvard Business Review* e para a *TechCrunch*, o perfil de seu trabalho foi publicado no *Wall Street Journal* e é palestrante em eventos e empresas em todo o mundo.

Este livro foi impresso nas oficinas gráficas da Editora Vozes Ltda.,
Rua Frei Luís, 100 – Petrópolis, RJ.